Orientación educativa para 2030: Manual básico

ORIENTACIÓN EDUCATIVA PARA 2030: MANUAL BÁSICO

David González Gándara

Paperback Edition 17 de septiembre de 2022
ISBN 9798846968950

Esta edición se ha realizado íntegramente con software libre, mediante el procesador LaTeX y el editor GNU Emacs. Las imágenes se han pro-
cesado con Inkscape, GIMP y Geogebra.

La experiencia carece de valor ético. Es sencillamente el nombre que dan los hombres a sus errores. (Oscar Wilde, "El retrato de Dorian Gray")

No leáis para contradecir y refutar; no para creer y presuponer; no para encontrar tema para conversar o discurrir; sino para pensar y examinar. (Francis Bacon, "De los estudios")

Índice general

I   En el despacho   **7**

1   Hay que mirar a ese niño   9
   1.1.   Cuestión de principios. La inclusión.   12
   1.2.   El modelo que sí nos lleva a la inclusión   14

2   ¿Esto está evaluado?¿Hay informe?¿Y diagnóstico?   19
   2.1.   Cómo recoger la información. La evaluación psicopedagógica   20
   2.2.   Portafolio de evidencias   24
   2.3.   Diarios de aprendizaje   25
   2.4.   ¿Y el informe?   26

3   ¡Buff!¡Yo no tengo tiempo para todo eso!   39

II   En el aula   **47**

4   Ya, ya, pero no conoces los alumnos que yo tengo   49
   4.1.   Este niño es de cincos… raspados   50
   4.2.   Entonces, ¿qué hacemos?¿los pasamos sin saber nada?   50
   4.3.   ¿Cuál es la alternativa, entonces?   53

5   Cómo se nota que estáis en el despacho, lejos del aula   57
    5.1.   Primero ganemos algo de tiempo con las calificaciones   58
    5.2.   ¿Pero eso no sale en el libro, no?   60
    5.3.   La motivación. Los proyectos estructurales . .   62
    5.4.   Respondiendo al talento   64
    5.5.   PT y AL en aula ordinaria   65
    5.6.   La autorregulación   68
    5.7.   Algunas conclusiones   69

III La comunidad educativa

III La comunidad educativa   **71**

6   Inspección ha dicho que lo hagamos así   73

7   Esto habrá que derivarlo a orientación, ¿no?   77

8   ¿Cuántas horas me lo puedes sacar?   89
    8.1.   Algunos ejemplos de propuestas para programas de intervención   97
    8.2.   Listado de posibles barreras   102

9   Pero si tenemos pizarras digitales en cada aula...   105

10   La teoría me da igual. Mi experiencia me dice...   109

11   Las familias, cuanto más lejos... mejor   121

IV Más allá del centro   **127**

12   Yo pensaba así, pero en este centro no hay manera   129
    12.1.   Proyectos entre centros   130

12.2. Redes de colaboración 131

13 Te tienen que hacer un informe en el colegio   133

A   Ejemplo de informe psicopedagógico   139

B   Ejemplos de propuestas para los programas de inter-
    vención   147

Referencias   151

Índice alfabético   159

Cuando me incorporé a mi destino como orientador educativo, después de dieciocho años como maestro de aula, no sabía demasiado sobre el día a día de las orientadoras y los orientadores, más allá de lo que les había visto hacer en los centros donde había trabajado, aunque parte de mi formación académica fue en este ámbito —cursé la especialidad de orientación educativa en la licenciatura de Ciencias de la Educación—. En esta experiencia había visto muchas tradiciones establecidas que tenía claro que había que cambiar. Pero me encontré con una gran ausencia de recursos para fundamentar lo que sí quería hacer. Los libros de la carrera eran demasiado teóricos, y me resultó muy complicado encontrar el hilo del que tirar para poder "subirme a los hombros de gigantes". Era como ser el aprendiz de brujo de Goethe, que ilustra la portada de este libro —para la que me tomé la libertad de inspirarme en la imagen que probablemente salió de la imaginación del gran Fred Moore, aunque… ¿quién sabe?—. Por suerte, encontré a tiempo el trabajo de mucha gente que me llevaba mucha ventaja en este camino, como Booth, Ainscow, Black-Hawkins, Vaughan, y Shaw (2000); Echeita y Calderón Almendros (2014); Reyes López (2018); Gómez Corell (2018); Elizondo Carmona (2022); Márquez Ordoñez y García Pérez (2022). A partir de ahí todo fue algo más sencillo.

Esta ausencia de información fue la principal motivación para escribir este libro. Me gustaría que contribuyese a que quien llegue a esa primera plaza en orientación no tenga que sentir esa soledad del principio, donde parece que uno habla algún tipo de idioma extraterrestre, y afrontar con más perspectivas esa sensación de tener que cuestionarlo todo todo el tiempo, lo que hace que llegues a dudar de tus propias ideas. Espero que, junto con la lectura de los *gigantes* que mencionaba antes, y otros que el lector localice, pueda servir como uno más de los materiales de referencia para poder llevar a cabo esa complicada función de liderar el camino de los centros educativos hacia la inclusión.

Eso sí, no pretendo más que aportar el relato del camino que yo recorrí. No con la intención de que sea una referencia única, ni unas pautas que haya que seguir a rajatabla. Es un relato más, de una persona más de entre aquellas que deberías escuchar para construir tus propias ideas. He ido escribiendo los contenidos de cada capítulo a lo largo de los últimos cuatro años, lo que probablemente se aprecie en cambios de estilo, o incluso alguna argumentación con matices diferentes. He revisado las ideas duplicadas y las he sustituido por referencias cruzadas. Espero que no se me hayan escapado muchas. Por otra parte, espero haber acertado en el equilibrio entre la propia redacción del relato y las referencias bibliográficas, en las que no he profundizado para hacer el libro más ligero.

En estos cuatro años, uno de mis aciertos fue colaborar con el grupo, dentro del proyecto "Narrativas emergentes sobre la escuela inclusiva desde el modelo social de la discapacidad. Resistencia, resiliencia y cambio social", encargado de crear propuestas para la reforma de los informes psicopedagógicos, que generalmente han sido herramientas para la segregación (Calderón-Almendros, Moreno-Parra, y Vila-Merino, 2022). El trabajo realizado por dicho grupo tendrá como resultado la publicación de una guía que en el momento de escribir esto aún no está publicada, pero que debería ser una de las lecturas obligatorias de cualquier persona que se enfrente con la jefatura de un departamento de orientación. Los debates generados en ese grupo pusieron de manifiesto que hay muchas formas diferentes de realizar lo que a día de hoy se llaman *evaluaciones psicopedagógicas* de una manera que permitan avanzar hacia una mayor inclusión. Aquí presento mi relato, con sus posibles aciertos y áreas de mejora. Espero que otras personas que estén en este mismo proceso se animen a escribir también sus experiencias, y enriquecer así la información disponible para los *novatos*.

Después, cada persona debe construir su paradigma personal. Seguir un manual no es el camino a desarrollar un trabajo de calidad. Aunque sea duro, hay que aceptar que si no vamos desarrollando un criterio propio para separar el grano de la paja, estamos totalmente perdidos. Está claro que no todo el mundo va a poder ser capaz de entender todos los entresijos de la investigación educativa, pero es completamente necesario tener como mínimo un criterio para tener algunos autores de referencia que nos puedan guiar un poco, por lo menos, hacia lo que debemos leer, o escuchar, o ver. Me temo que no es posible hacer un manual que sirva para todo el mundo.

Aquí presento el paradigma que construí para mi, y sobre el que sigo trabajando constantemente. La complejidad del rol actual de la orientación impide que se pueda elaborar un sistema único que sirva para todas las situaciones. En algunas regiones la orientación se organiza en unidades independientes de los centros, mientras que en otras se combinan los departamentos de orientación con estas unidades. El concepto de departamento de orientación varía también, yendo desde el modelo gallego, donde participan representantes de todo el profesorado, al de otras comunidades, donde está formado por la persona orientadora y el personal especialista en atención a la diversidad. Por lo tanto, sólo pretendo que quien lea esto pueda extraer alguna idea que le pueda resultar útil. No creo que sea posible que aplique lo que yo he ido haciendo sin más. Son demasiadas variables: la normativa con la que trabaje, los equipos docentes, los servicios de inspección, etc.

Ese paradigma personal debe ser coherente: informado por la investigación educativa, pero que tenga sentido como un todo, y ayude a moverse por este mar de información en el que vivimos, llenando ese montón de huecos que en el día a día vamos a ir encontrando. El marco sobre el que organicemos las actividades del departamento tienen que dejar mucho campo a diferentes maneras de pensar y de actuar. Eso sí, va a haber cosas innegociables, como el respeto a los derechos humanos, etc. Las líneas rojas del proyecto "Narrativas", del que hablaba arriba y en las que entraré más en profunidad en el libro, son un buen ejemplo de aspectos innegociables, fuera del ámbito de los paradigmas personales.

Después de darle mucha vueltas a cómo organizar el libro, decidí hacerlo en cuatro partes. En la primera trato todo lo que sucede en el despacho. La segunda parte está dedicada al trabajo que se hace en las aulas. La tercera parte habla de la construcción de comunidades educativas que crecen bajo el prisma de la inclusión. Y, por último, la cuarta habla de lo que sucede más allá de las paredes del centro. En cada uno de los ámbitos he ido construyendo capítulos a partir de las frases más típicas que escuchamos desde orientación y que ayudan a perpetuar los sistemas segregadores tradicionales.

Como se trata de un relato personal, y trabajo en centros de primaria, todo lo que expongo se refiere al departamento de orientación de un colegio de primaria. Quien trabaje en otros ámbitos encontrará que no he comentado nada de asuntos como la orientación académica y profesional, que aunque sí se tienen en cuenta en primaria no tiene tanta relevancia. Lo mismo pasa con ciertos temas relacionados con la adolescencia: salud sexual, consumos, etc. Sin embargo, estoy convencido de que algunas de las propuestas puedan ser de utilidad aunque el lector trabaje en secundaria o en equipos de orientación fuera de los centros.

Parte I

En el despacho

Capítulo 1

Hay que mirar a ese niño

Cuando empecé a estructurar el material para este libro pensé en hacer una especie de guía, con pasos a seguir, pero descubrí que no se puede plantear el camino que hay que recorrer al incorporarse a una plaza de orientación de esta manera. Las cosas suceden demasiado rápido, y los plazos no permiten la calma suficiente. De lo único que estoy seguro es del primer paso, porque si no hacemos esto al principio, podemos caer en una espiral de malas decisiones de la que podría ser que no podamos salir. Este primer paso es crear la arquitectura de un paradigma personal de pensamiento, que nos vaya guiando en la solución de cada uno de los problemas que vamos a ir encontrando. Recomiendo empezar por unos principios básicos, por ejemplo, la inclusión. A partir de aquí, nos puede ayudar el viejo concepto de "subirse a hombros de gigantes". En mi caso, ya desde la facultad de Educación, estos gigantes fueron John Dewey, Lev Vygotsky, Carl Rogers, etc. Seguramente los nombre unas cuantas veces. Lo que sí es importante es leer el material original de estos autores que escojamos como referencia, porque no siempre las citas en los libros de pedagogía se ajustan con exactitud al original. En mi lista de *gigantes* hay muchos otros, algunos de los cuales mencionaba en la introducción. Pero me gustaría evitar que el lector trate de buscar el camino fácil de copiar una lista. Cada uno debe construir la suya. Saltarse este paso suele implicar que terminaremos dependiendo de las opiniones de otros, porque es el camino fácil. Salir de ese círculo es muy complicado.

En este camino, es necesario ser consciente del error en el que mucha gente está cayendo últimamente: creer que el conocimiento avanza por la suma de lo encontrado en pequeños experimentos. Pero esto no es así. Hace muchos años ya que la comunidad científica superó esta idea. No me refiero sólo a las ideas pragmáticas de William James, que venían a resolver el vacío debate entre empirismo y racionalismo que enfrentaba por ejemplo a Hume y Locke con Descartes o Leibniz, sino ya en la era contemporánea, con las aportaciones de Lakatos, Worrall, y Currie (1983). Gran parte de los avances se producen porque los científicos buscan nuevos hallazgos en el contexto de un paradigma. Aunque la defensa a ultranza de estos paradigmas también puede ser un obstáculo al conocimiento, si no existiesen, no se generarían nuevas ideas. Por ejemplo, Hattie (2012) es conocido por sus famosos metaanálisis, que muchos utilizan para *zanjar* los temas. Aporta un gran número de estudios para cada tema, y mediante procesos estadísticos los compara para establecer conclusiones. Sin embargo, existen algunas críticas a la metodología que utiliza. En mi opinión, la parte estadística de su trabajo cumple un papel secundario, reforzando en realidad un paradigma de pensamiento muy interesante, que él llama *visible learning*. En sus libros, va elaborando todas sus conclusiones con respecto a ese paradigma, eso sí, utilizando los resultados estadísticos de sus análisis. En el capítulo 10 (página 109) profundizaré sobre este tema.

Es decir, lo ideal es complementar enfoques más filosóficos con los datos que aportan los estudios experimentales, creando un paradigma lo más coherente posible. Cada idea nueva que encontremos será observada primero bajo la óptica de ese paradigma que vamos construyendo, y sobre el que reflexionaremos con cada idea nueva. Esto no se puede confundir con el sesgo de considerar sólo la investigación que confirma lo que ya pensaba antes. Y tampoco se puede confundir con dar más valor a lo que cada uno ha vivido como individuo que a cualquier otro factor. Algunas veces he visto la expresión: "nadie va a conocer mejor que yo a mi alumnado". Pero esta misma gente también dice: "Cómo voy a personalizar la educación con la ratio que hay en mi centro". En otras palabras, para justificar no aplicar medidas inclusivas tiene demasiados alumnos, pero para rechazar datos de la investigación basado en el conocimiento profundo del alumnado propio sí que es posible con ese mismo número.

1.1.   Cuestión de principios. La inclusión.

Como decía, comenzaré por los principios que guían nuestra práctica. El más importante es el de la inclusión. Es el gran reto al que nos enfrentamos. Nos ha tocado vivir un tiempo de cambio, en el que se está conquistando el derecho de todos a la educación en las mismas condiciones. Estoy convencido de que dentro de unos años este proceso se verá igual que la conquista de los derechos de las personas de otras razas, o de los derechos de las mujeres. Como en todos estos procesos, los períodos de cambio son complicados, y en muchas ocasiones dolorosos para las personas que apoyan esos cambios. Pero tal como decía Gandalf: "No podemos elegir los tiempos en los que nos toca vivir, lo único que podemos hacer es decidir qué hacer con el tiempo que se nos ha dado" (Tolkien, 1991).

Para entender la inclusión educativa, primero hablaré del modelo de atención a la diversidad que se ha impuesto, y que tanto nos está costando cambiar. La figura 1.1 muestra el modelo médico, o clínico, que emplean los servicios sanitarios. Su característica principal consiste en que la persona tiene un problema. El médico lo diagnostica y prescribe una medicación. Después de un tiempo de administrar la medicación, si esta ha sido prescrita de manera correcta, el problema disminuye o desaparece.

Este modelo clínico-rehabilitador se ha aplicado a la educación. Aquí el profesor ve un problema, pregunta a orientación,

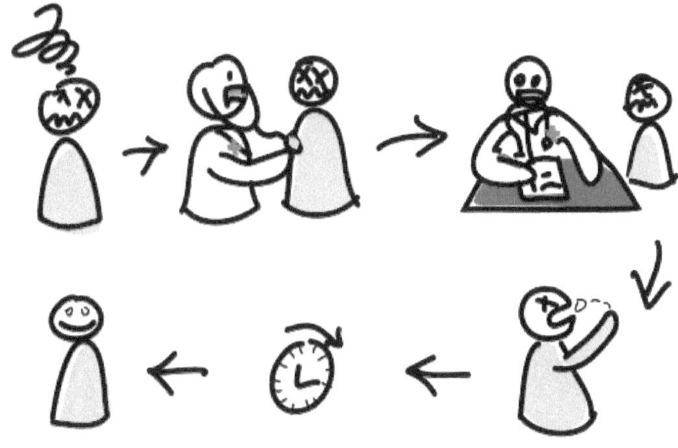

Figura 1.1: El modelo clínico, que NO nos ha conducido a la inclusión

que observa el problema, y bien prescribe un apoyo individual, diferente de la clase ordinaria, o que siga como estaba. En los centros donde se trabaja así he oído con frecuencia algunas expresiones que *delatan* su carácter clínico-rehabilitador. Es muy común que se hable de *dar el alta* al alumnado que acude al aula de apoyo. También se habla frecuentemente de *derivar* a orientación. En las conversaciones sobre la evaluación del alumnado cobran una gran importancia los diagnósticos clínicos, siendo frecuente hablar de si es o no conveniente una medicación.

Los siguientes elementos de este modelo son inadmisibles, incompatibles con el sistema de derechos que hemos construido en nuestra sociedad:

- Colocar el foco en los déficits

Figura 1.2: El modelo clínico en educación

- Diagnósticos clínicos

- Clasificar al alumnado

- Segregar

- Pruebas de evaluación individuales y fuera del contexto del aula

1.2. El modelo que sí nos lleva a la inclusión

Ya conocemos el modelo que se ha implantado tradicionalmente en nuestras escuelas. Después de muchos años es más que evidente que no funciona. Ni se consigue mejorar los aprendizajes del alumnado ni tampoco crear una sociedad más inclusiva. Es necesaria, por lo tanto, una alternativa.

Comenzando con la fundamentación teórica de esta alternativa, lo primero es hablar del diseño instruccional de nuestras aulas, que al fin y al cabo son los lugares donde se producen los aprendizajes. De todos los modelos de diseño instruccional disponibles, el más sencillo es el llamado *PIE* (Newby, 2006) (Figura 1.3). He escogido este modelo por su simplicidad, ya que se centra en los elementos que todos los modelos de diseño tienen en común. La acción del aula se concentra en tres momentos principales: la planificación, la puesta en práctica de lo planificado, y la reflexión sobre lo que ha sucedido para decidir si hemos conseguido lo que se pretendía, realizando modificaciones bien para conseguir lo que no hemos conseguido, o para seguir progresando en el aprendizaje.

Figura 1.3: El modelo PIE

Además de la simplicidad en la descripción de lo que ocurre en un aula, partiendo de este modelo, la acción educativa se conecta fácilmente con los procesos de investigación-acción cuando extendemos el círculo inicial *P-I-E*, añadiendo una mejora *+1*, a partir de la reflexión, de tal modo que se genera un segundo círculo más grande, y así sucesivamente (Figura 1.4). Podríamos llamar a esto el modelo *PIE+1*, que es, en esencia, lo mismo que la espiral de la investigación-acción definida por Kemmis, McTaggart, y Nixon (2014, p. 19).

Es importante señalar que la evaluación se enmarca como parte integral del proceso de educación. Yo no voy a extenderme sobre esto. Morales Lobo y Fernández Fernández (2022) lo exponen en profundidad en el libro "La evaluación formativa". No se puede entender la educación sin una evaluación, cuyo objetivo es encontrar el factor *+1* que nos conduzca a una mejora de cualquiera de los elementos del proceso, creando la espiral virtuosa de la evaluación:

Inclusiva: Su fin es incluir, crear una cultura en la que todas las personas son válidas. Destinada a detectar barreras que impiden aprendizajes.

Colaborativa: Todo el equipo docente tiene que ser partícipe. También tienen su papel las familias y los servicios externos.

Formativa: Destinada a que las personas desarrollen su potencial. Debe encontrar cuales son las fortalezas de cada uno, y proponer estrategias.

La evaluación psicopedagógica no es más, en esta propuesta, que un complemento de la realizada por el profesorado del aula, cuando este necesita asesoramiento especializado.

Con este planteamiento, la posibilidad más lógica es que tanto la evaluación de aula como la evaluación psicopedagógica se realizan mediante actividades de evaluación auténtica, diseñadas por el profesorado con el asesoramiento del depar-

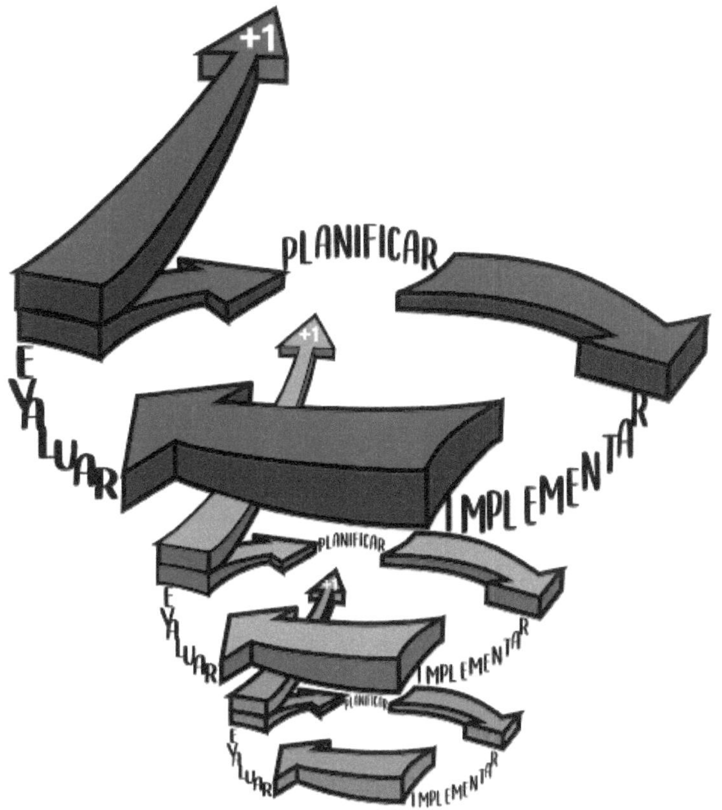

Figura 1.4: La espiral de la investigación acción

tamento de orientación. A partir de las evidencias extraídas de esta, por una parte se conoce mejor a TODO el alumnado. Y por otra parte se detectan los aspectos positivos del contexto, así como las barreras observadas. Toda esta información proporciona una imagen lo más completa posible del contexto y permite encontrar la manera de mejorarlo.

- Dentro del aula

- Para todos

- Valorando todos los aspectos del contexto

- Se cuenta con la colaboración de todos (profesorado, familias, servicios externos)

Recordemos que estamos hablando de evaluación, no calificación. Aunque es muy habitual el uso indistinto de estas palabras, son en realidad procesos diferenciados, como nos recuerda siempre Guerrero (2019). Profundizaré un poco sobre este tema más adelante.

Capítulo 2

¿Esto está evaluado?¿Hay informe?¿Y diagnóstico?

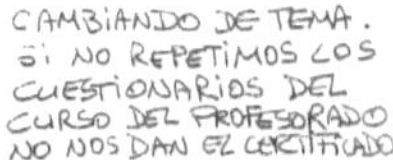

Para ilustrar cómo se ha entendido la evaluación tradicionalmente, podemos volver a observar la viñeta que abría el capítulo 1. En ella se mostraba a un piloto de fórmula 1 (página 9) que habla por radio con su equipo para solicitar el diagnóstico del coche, porque no responde como debe. Aunque le ofrecen una solución, el piloto se bloquea porque no le explican el diagnóstico del coche. En nuestro sistema educativo esto pasa con mucha frecuencia. A menudo, en las sesiones de evaluación se pregunta por los diagnósticos y por los informes, en lugar de discutir sobre propuestas educativas para dar respuesta a los problemas que se encuentran. Cuando esto sucede, por más que se insista en que el poco tiempo del que se dispone debe ser empleado en buscar entre todos soluciones, se considera que el diagnóstico es un paso previo totalmente necesario.

Esto se cuenta muy bien en una escena de la serie "Weird Lawyer Woo Young Woo" (In-shik, 2022) en la que la persona que contrata a la abogada con autismo *Woo Young Woo* se queja a su superior de que no le ha entregado la segunda página del currículum, donde figuraba su diagnóstico. Ella le pregunta para qué necesita ver esa página, ya que en la que le ha pasado figura toda la información importante sobre su trayectoria académica. Cuando la vi me pareció un ejemplo excelente de lo innecesarios que deberían ser estos diagnósticos.

2.1. Cómo recoger la información. La evaluación psicopedagógica

Para llevar a cabo la evaluación que se ha descrito, necesitamos una manera sistemática de registrar la información que nos permita conocer bien una situación y poder hacer propuestas para optimizar el aprendizaje. Se proponen dos instrumentos que responden perfectamente a esta necesidad.

Un buen registro anecdótico permite recopilar con facilidad todas las informaciones relevantes para el diseño de las estrategias educativas. Es preciso realizarlo de manera sistemática, con la fecha de cada observación y el nombre del alumnado implicado por lo menos. En el cuadro 2.1 (página 22) se ofrece un ejemplo de cómo llevar este registro. En este punto, hay que buscar el equilibrio entre que la información sea lo más rica posible, y lo que sepamos que podemos asumir. Aunque se suele recomendar detallar todo lo que se pueda, para enriquecer la información cualitativa, no tiene sentido iniciar un registro que vamos a detener a las pocas semanas. Debe ser algo que podamos realizar como actividad cotidiana. En mi caso tomo notas de campo en papel, y luego las paso todas a ordenador, como se explicaré en el capítulo 3. De este modo esta información es utilizable más adelante. No tendría sentido registrar la información si después no vamos a ser capaces de localizar lo que necesitamos.

Es importante seguir un protocolo cuando se trata de una actividad específicamente diseñada para la observación, en el cual se tenga claro cuáles son las informaciones relevantes. El cuadro 2.2 es un ejemplo de cómo se podría hacer esto.

En este punto es bueno recordar que no se debe caer en la tentación de relacionar estas observaciones con los tradicionales *procesos psicológicos* como *atención, velocidad de procesamiento,* etc. Yo mismo, en las primeras versiones de esta tabla, tenía una columna donde recogía con cuáles de estos procesos se correspondía cada observación. El problema es que si lo hacemos así, volvemos una vez más al punto de vista del déficit. El objeto de esta tabla es, sobre todo, como guía para la persona que observa.

	Fecha	Título	Anotación	Nombre
54	XX-XX-XXXX	Observación	Se expresa oralmente con soltura aunque con problemas para articular la r"	XXXXXX XXXX, XXXXXX
55	XX-XX-XXXX	Observación	Tareas dirigidas al principio, a modo de ejemplo, y después hacen lo mismo ellos solos. Grupo muy tranquilo, buen ambiente de trabajo. Ritmos de trabajo muy diferentes. Podría ser una idea una carpeta de trabajo extra para los que terminan a tiempo (en caso de que necesitemos generar tiempo para el profesor)	grupo XXXX
56	XX-XX-XXXX	Observación	Lee decodificando, pero la palabra completa. Mala postura para escribir. Problema en la dirección del trazo. Errores al copiar. Errores en los números: sabe el resultado pero escribe un número distinto. Resuelve los problemas, pero con lentitud. Adquiridos los algoritmos de cálculo.	XXXX XXXX, XXXX
57	XX-XX-XXXX	Observación	Lee razonablemente fluido. Errores al copiar, omite letras. Resuelve las tareas con normalidad, pero lento.	grupo XXXX
58	XX-XX-XXXX	Observación	La profesora lee un cuento. Buen ambiente de atención, salvo un par de casos concretos.	grupo XXXX
59	XX-XX-XXXX	Observación	Atención muy dispersa, no atiende la lectura de la maestra	XXX XXXXX, XXXX
60	XX-XX-XXXX	Observación	Aunque expresa oralmente sus vivencias, su discurso es algo incoherente, su vocabulario muy elemental, careciendo de palabras de uso muy común. Sólo habla de los animales que tiene en casa. Problemas para pronunciar la r"doble.	XXX XXXXX, XXXX

Cuadro 2.1: Ejemplo de registro anecdótico

Tanto si es una persona diferente, como nosotros mismos.

Estos últimos años he ido diseñando una serie de tareas de *evaluación auténtica*, es decir, tareas que no se distinguen del resto de actividades que se hacen en el aula, pero especialmente diseñadas para obtener una información determinada

Momento del juego	Cosas a observar
Clasificar las cartas	Sabe cuáles son mayores
Elige dado o montón de cartas	Explica por qué; la explicación tiene lógica; copia un razonamiento que ha escuchado
Conteo. Preguntar de vez en cuando cuántos puntos lleva, cuántos le faltan para alcanzar cierta cifra. También se puede preguntar por probabilidades en los niveles mayores.	Reconoce los números; usa negativos; comete errores; se olvida; usa decimales o fracciones.
De vez en cuando preguntar por cosas que han pasado en el juego	Narra lo que pasó; recuerda lo que pasó correctamente
Lleva a cabo un plan para ganar	Lleva un plan lógico; explica el plan; es capaz de ejecutar el plan
Atención	Focaliza la atención; Es capaz de centrarse en el juego durante un rato

Cuadro 2.2: Ejemplo de protocolo de observación

(González Gándara, 2022a; González Gándara, 2019a). La teoría de las inteligencias múltiples (Gardner, 1993) configura una buena guía para el diseño de las actividades, de tal modo que se tengan en cuenta sobre todo aquellos ámbitos en los que queremos observar las fortalezas del alumnado, que al fin y al cabo son las que nos permitirán poner los cimientos de las propuestas educativas. Aunque podemos encontrar interesantes propuestas para estas actividades, como las de Ferrándiz García (2005), que ha traducido al español el trabajo del *proyecto Spectrum* (Gardner, Feldman, y Krechevsky, 2000), lo realmente interesante es crear actividades que respondan a nuestro contexto concreto, ya sea para que coincidan mejor con nuestro estilo didáctico o con las características de nuestro alumnado. Por ejemplo, en mi caso he diseñado, para educación infantil unas actividades basadas en imitar movimientos de animales, robots, etc. con las que alguna gente podría no sentirse a gusto.

> Spectrum no es un paquete cerrado ni un recetario [...] Es más probable que las prácticas tengan sentido y duren más si son caseras que si vienen impuestas desde el exterior. Esperamos que las innovaciones sigan produciéndose y que el futuro más importante de Spectrum esté en las manos —y las tareas y los centros de aprendizaje— de unos educadores entregados a sus alumnos. (Gardner y cols., 2000, p. 166)

De esta manera, la teoría de las inteligencias múltiples resulta de utilidad a nuestro trabajo. Pero no como alguna gente ha tratado de aplicarla, añadiendo una página al final de cada tema en el libro de texto llamada así. La teoría no tiene demasiado valor para el diseño didáctico del aula, ya que es una teoría que explica el funcionamiento de nuestro cerebro. En el capítulo 10 (página 109) hablaré más sobre este asunto.

2.2. Portafolio de evidencias

Además de estas actividades de evaluación auténtica, es importante observar los trabajos de aula del alumnado. La información que se puede extraer de ellos es imprescindible. Observaremos la capacidad para redactar, el sentido estético, la organización de ideas, etc. Una manera muy interesante de tener acceso a esta información es mantener una carpeta personal de cada alumna y alumno, en la cual se van recogiendo ejemplos significativos de actividades realizadas: textos, dibujos, audios, videos. Cuanto más mejor. Renzulli (1994) propone algo similar con su idea del *portfolio del talento*. Estos portfolios, naturalmente, se realizarían a nivel aula. Lo que podemos hacer en el departamento es escanear algunos de estos trabajos y organizarlos en una base de datos que se pueda explorar con rapidez, como se expone en el capítulo 3 (página 39).

Figura 2.1: Portfolios

2.3. Diarios de aprendizaje

Otra gran herramienta, pero muy poco usada, es el diario de aprendizaje, donde el alumnado anota, regularmente, lo que considera que ha aprendido, las dificultades que ha encontrado, y otros aspectos que consideremos interesantes. Además de ser una manera significativa de practicar la escritura diariamente, nos proporciona un modo más de que sean más conscientes y participantes en su propio proceso de aprendizaje. Y aseguro al lector que se sorprenderá de la información que se puede extraer de estos diarios, que de otro modo sería muy complicado. El alumnado suele ser muy honesto cuando se utilizan los diarios, y muchas veces escriben dificultades que han encontrado, y que de otro modo no conoceríamos, porque no les resulta fácil encontrar el momento para expresarlo.

2.4.   ¿Y el informe?

Puede parecer contradictorio redactar informes personalizados cuando se defiende la idea de una educación para todos, siguiendo los principios del diseño universal para el aprendizaje (Elizondo Carmona, 2022; Márquez Ordoñez y García Pérez, 2022), sin etiquetas. Se puede argumentar que si lo que buscamos son barreras al aprendizaje, no tiene sentido buscar las dificultades que el alumnado encuentra al aprender, ya que no son realmente dificultades del alumnado, sino problemas estructurales del contexto. En mi opinión, conocer lo mejor posible a cada uno de los alumnos y las alumnas es necesario para comprender el contexto en su totalidad. Es aquí donde me han guiado las ideas de Rogers (1983), para quien el alumnado es el centro de todo. El respeto por la persona es el eje de la acción educativa. Al no poder profundizar todo lo que nos gustaría con cada una de las personas, es lógico centrarse en aquellas que encuentran más dificultades.

Es importante compartir que este tipo de evalua-

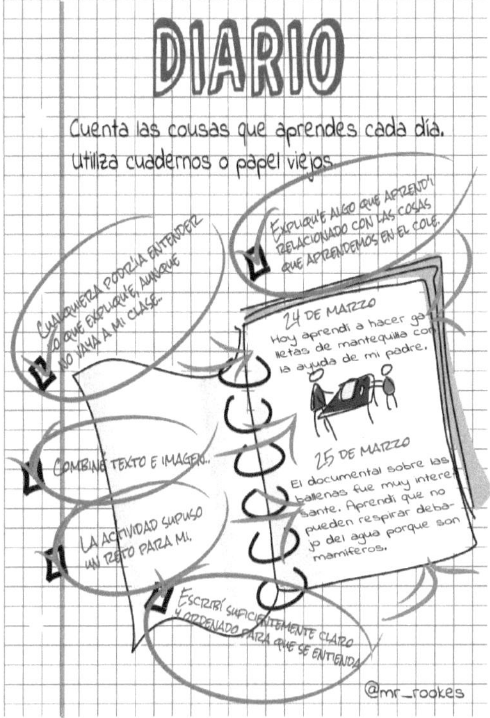

Figura 2.2: Diarios de aprendizaje

ción, por su naturaleza procesual y su amplitud, no es individual (realizada solo para un alumno o alumna en particular), sino que tiene un mayor alcance y puede ser válida durante un tiempo para ayudar a dar respuesta inclusivas a distintos estudiantes. Con todo y con ello, siempre serán necesarias también evaluaciones que ayuden a conocer y valorar las necesidades educativas específicas de ciertos alumnos o alumnas. [...] El desafío profesional es garantizar un adecuado equilibrio entre ambas tareas, sin perder de vista nunca la finalidad que debe guiarlas y que no es otra, a nuestro parecer, que la de garantizar en derecho de todo el alumnado a una educación inclusiva que como tal deber ser de calidad. (Sandoval Mena, Simón Rueda, y Echeita Sarrionandia, 2019)

La existencia de los informes no tiene por qué ser negativa. Sirven para resumir el contenido de la evaluación tal y como se describe arriba, además de su uso, por parte de las familias para acceder a ciertos servicios. Lo que es importante es que estén orientados a un mejor conocimiento de la persona, y que permita basarse en ellos para ir retocando barreras de aprendizaje detectadas.

El informe psicopedagógico sólo es necesario en el momento que la familia lo solicita. Para organizar la atención a la diversidad en el centro no hace falta emitir el informe escrito, es mejor recurrir a un sistema de organización de la información dinámico, que suceda de forma sistémica, en el que todos contribuyen: el profesorado de área, el profesorado de apoyo a la inclusión, las personas responsables de la orientación, las familias,... De hecho, se trata de un informe confidencial, cuyos datos están especialmente protegidos. Algunas veces me ha pasado que compañeras o compañeros se indignan cuando les digo que no pueden ver el informe, pero en realidad este es el procedimiento correcto. Sólo debemos trasmitir a cada personas los aspectos absolutamente necesarios para su trabajo. En la mayor parte de los casos, lo único necesario son las propuestas para la intervención educativa. Compartir la información de diagnósticos, asistencia a servicios pedagógicos externos o psicólogos, etc., es vulnerar la protección de esos datos.

En el apéndice A, página 139, se ofrece un ejemplo real, de donde se han retirado los nombres.En este centro no está totalmente implantada la cultura inclusiva, y el profesorado ha acordado realizar un apoyo fuera del aula. Aunque esto debería cambiar, en el día a día es difícil encontrar el equilibrio, donde vamos conduciendo al profesorado a prácticas inclusivas, pero no queremos que desarrollen una actitud negativa hacia la orientación que tendría consecuencias peores: cerrar sus clases, dejar de compartir información, etc. He dedicado el capítulo 7 (página 77) a este tema concreto.

2.1 Datos relevantes de los ámbitos físico, cognitivo, emocional y social y circunstancias personales y familiares de interés

El alumno está experimentando muchas dificultades para llevar a cabo con un suficiente nivel de autonomía las actividades que se le piden, tanto en casa como en el aula. En algunas ocasiones se observan signos de cansancio por las mañanas, o falta de energía, que podrían estar causados por algún problema de sueño o alimentación.

2.2 Historia Escolar y medidas adoptadas

El alumno estuvo escolarizado en este centro desde el inicio del segundo ciclo de infantil. Actualmente cursa el cuarto nivel de educación primaria. Las dificultades encontradas hasta el momento no han impedido gravemente el desarrollo de las competencias, por lo que los pasados cursos se abordaron con medidas ordinarias.

2.3 Competencia curricular y grado de adquisición de las competencias. Actitud ante el trabajo.

La competencia curricular, en general, es la que corresponde para el nivel que está cursando, aunque a medida que avanzan los cursos está encontrando ciertas dificultades para obtener calificaciones positivas en algunas áreas.

Figura 2.3: El profesorado entrevistado destaca las dificultades

Lo que se trata de ilustrar es que, aunque las personas entrevistadas en la evaluación se centraron sobre todo en el déficit (ver figura 2.3), se ofrecen estrategias basadas en las fortalezas. La conclusión del informe no es la clasificación, sino la propuesta educativa. Tampoco se asignan recursos en el informe. Las decisiones sobre apoyos asignados al aula se toman de manera colegiada en el departamento de orientación, y están basadas en la evaluación y seguimiento continuo de los programas de intervención que se diseñen, siempre orientados a ajustes en el contexto para eliminar barreras al aprendizaje. Algunas veces, el equipo directivo, o incluso los servicios de inspección pueden ejercer presión para que se *prescriban* un número de horas de pedagogía terapéutica o de audición y lenguaje. Esto no tiene ningún sentido, ya que son decisiones que deben ser flexibles, e ir variando en función de la evaluación de la puesta en práctica de las estrategias. Además, en el caso de Galicia, la responsabilidad del horario es del equipo directivo, aunque reciba una propuesta de orientación. Si se da esta presión, es conveniente recordar, en el informe la normativa que regula los horarios del personal de atención a la diversidad, como se muestra en la figura 2.4.

6.3   Estrategias en el centro

- **Recursos personales** Las medidas propuestas pueden ser llevadas a cabo por el profesorado de cada área con el asesoramiento, cuando así se considere, del personal especialista en atención a la diversidad, según el horario que apruebe la dirección del centro tras la propuesta del horario que la jefatura del departamento de orientación elevará, cada curso, tras colaborar co dicho persoal en el

4/6

Figura 2.4: En el informe no se prescriben horas de PTA y AL

Puede chocar la estructura de este informe con un enfoque inclusivo. Esto se debe a que se han seguido los apartados propuestos en la normativa de Galicia. Como decíamos, el informe no resulta de utilidad para organizar una respuesta educativa inclusiva en el centro. Su única utilidad es para que las familias puedan acceder a servicios y recursos que les requieren este informe. Por este motivo, es importante que se cumpla la normativa hasta donde se pueda, es decir, hasta donde encontremos alguna de las líneas rojas que determinemos. Sirvan como ejemplo las líneas rojas establecidas por el grupo de orientadoras y orientadores del proyecto "Narrativas emergentes sobre la escuela inclusiva desde el modelo social de la discapacidad. Resistencia, resiliencia y cambio social", dirigido por Ignacio Calderón y María Teresa Rascón, durante el trabajo realizado para poner las bases de una evaluación psicopedagógica inclusiva (*Educación Inclusiva. Quererla es crearla*, s.f.).

- La evaluación no puede vulnerar los derechos humanos, lo que implica que tiene que proteger siempre, entre otros, el derecho fundamental a la educación inclusiva: nunca puede suponer un motivo de segregación del aula o del centro.

- Cualquier propuesta de evaluación sociopsicopedagógica ha de contar de forma clara con las voces del alumnado y sus familias. Debe ser una construcción colaborativa junto a los y las docentes. Por otra parte, las familias tienen que tener reconocida la capacidad para aceptar o no los aspectos individualizados de la evaluación sociopsicopedagógica cuando ésta se refiera a su familiar. El papel de la orientación no es oponerse a la familia, sino el de trabajar junto a ella, protegiendo los derechos humanos. Estos son el límite de dicha relación.

- En caso de que se aborde la discapacidad, la evaluación ha de estar basada en el modelo social y de derechos, alejándose del modelo clínico. Debe ofrecer, por tanto, una mirada sistémica.

- Como consecuencia de lo anterior, es necesario impedir las categorías diagnósticas como forma de evaluación sociopsicopedagógica. Cuando aparece la categoría, de alguna forma se anula a la persona; y una evaluación educativa tiene necesariamente que poner en el centro a las personas. En este sentido, se destaca la necesidad de prestar atención también a esas categorías socialmente asumidas como *leves*.

- Las intervenciones que se propongan han de orientarse fundamentalmente desde lo común, evitando una mirada inicial específica.

- Debe excluirse de las prácticas evaluativas la utilización de tests psicométricos, por los efectos nocivos demostrados que producen y por la injusticia social que esconden.

- La evaluación psicopedagógica tiene que huir de propuestas estandarizadas, porque precisamente necesita centrarse en el carácter único del contexto, de la situación educativa de cada aula, centro y comunidad educativa. En este sentido, recuperar y construir relatos biográficos y narrativos puede ser de gran ayuda.

- La evaluación sociopsicopedagógica del grupo clase ha de poner el foco en el respeto a los ritmos naturales de aprendizaje frente a exigencias estandarizadas, el cuerpo y las potencialidades, y no en el déficit.

- La evaluación debe concluir en un informe útil para la situación particular de esa clase, alejado de la impostura y la justificación para solicitar recursos, porque es una herramienta educativa. Ha de identificar barreras (al acceso, al aprendizaje y a la participación) y constituir una propuesta práctica, que ofrezca herramientas y que sea accesible para las personas a las que afecta (toda la comunidad educativa).

■ Las medidas inclusivas que se propongan han de tener un seguimiento y evaluación en orden a adecuar la propuesta a las condiciones reales del proceso de enseñanza-aprendizaje.

Cuando encontramos alguna de estas líneas rojas, por ejemplo, en cuanto a la función clasificatoria (ver figura 2.5), se han incluido párrafos de fundamentación teórica para justificar por qué no se cruzan esas líneas. En este punto, cada persona estará dispuesta a un determinado nivel de insumisión. Hay que tener en cuenta que, aunque se podrían usar dichos párrafos en otros territorios, se mencionan algunas particularidades que se aplican sólo en Galicia.

En mi caso, he decidido aceptar la clasificación de NEAE en las comunicaciones con Inspección educativa y con los servicios sanitarios. No la utilizo para las propuestas educativas en el centro, o en conversaciones con el profesorado. Ni siquiera con las familias. Cada persona decide cómo resolver sus dilemas éticos. Yo prefiero no causar problemas a las familias con procedimientos como solicitar ayudas. En realidad esto crea otro problema ético, porque al utilizar las categorías NEAE, en cierto modo estamos acreditando que contamos con la documentación procedente de los servicios sanitarios con respecto a los diagnósticos.

Por ejemplo, la categoría NEAE *trastornos de atención y aprendizaje* se podría corresponder con diagnósticos como TDAH, o

5. Identificación, de ser el caso, de la necesidad específica de apoyo educativo de la alumna o el alumno

La inclusión como principio del sistema educativo queda establecida en toda nuestra normativa (LOMLOE, decreto 229, orde do 8 de setembro)[1]. Esta inclusión se logra con la detección de las barreras al aprendizaje que encuentra parte del alumnado[2], y la eliminación de éstas. La información recogida en los procesos de evaluación psicopedagógica nos permite identificar las siguientes posibles barreras al aprendizaje:

- Entorno de aula que ofrece una estructura demasiado complicada para la diversidad de las funciones ejecutivas del alumnado.

- Las actividades del aula exigen un nivel de autonomía demasiado alto para dar respuesta a todo el alumnado.

- Situacións sociales que exigen un control de la conducta que no responde a la competencia de todo el alumnado.

Pero además de la identificación de las barreras, la normativa actual, contradiciendo las recomendaciones de la UNESCO[3], también nos obliga a un proceso de etiquetado del alumnado[4] en una determinada categoría. Aunque también se defiende una evaluación psicopedagógica orientada al contexto y no a los déficits del alumnado, por otra parte obliga a ese proceso de etiquetado[5]; únicamente por este motivo, se registra en una determinada categoría en la concreción anual del plan de atención a la diversidad, y en los procesos estadísticos de la Consellería. Dicha categoría figura en la cabecera de este documento.

---

[1] Por ejemplo: Entre los principios y los fines de la educación, se incluye el cumplimiento efectivo de los derechos de la infancia según lo establecido en la Convención sobre los Derechos del Niño de Naciones Unidas, la inclusión educativa y la aplicación de los principios del Diseño universal de aprendizaje (Preámbulo LOMLOE)

[2] 1. Con el fin de hacer efectivo el principio de equidad en el ejercicio del derecho a la educación, las Administraciones públicas desarrollarán acciones dirigidas hacia las personas, grupos, entornos sociales y ámbitos territoriales que se encuentren en situación de vulnerabilidad socioeducativa y cultural con el objetivo de eliminar las barreras que limitan su acceso, presencia, participación o aprendizaje, asegurando con ello los ajustes razonables en función de sus necesidades individuales y prestando el apoyo necesario para fomentar su máximo desarrollo educativo y social, de manera que puedan acceder a una educación inclusiva, en igualdad de condiciones con los demás (Artículo 80 da LOMLOE)

[3] "En teoría, la evaluación psicopedagógica y el dictamen se conciben como herramientas para garantizar la equidad en las decisiones educativas y determinar el ajuste razonable que el estudiante con discapacidad requiere. En la práctica, el sistema se centra en los déficits y las deficiencias del alumno, y resulta en la estigmatización del alumno como no educable en el sistema de educación general. En vez de explorar todas las posibilidades de inclusión del alumno, los diagnósticos impiden que los centros educativos ordinarios proporcionen medidas de apoyo y ajustes razonables." (Informe do Comité sobre os Dereitos das Persoas con Discapacidade da ONU, 17º período de sesións (CRPD/C/17/2))

[4] "Enténdese por avaliación psicopedagóxica, ou psicoeducativa, o proceso sistematizado de recollida, análise e valoración da información relevante do alumnado, do seu contexto escolar, do contorno sociofamiliar e dos elementos que interveñen no proceso de ensino e de aprendizaxe." (artigo 13 da Orde do 8 de setembro de 2021)

[5] "Identificación, de ser o caso, da necesidade específica de apoio educativo da alumna ou do alumno" (artigo 21 da orde do 8 de setembro de 2021)

3/6

Figura 2.5: La normativa, en Galicia, establece la clasificación como apartado del informe psicopedagógico

dislexia. La categoría *altas capacidades* se podría a su vez corresponder con el diagnóstico del mismo nombre, si no fuese porque en realidad no existe este diagnóstico clínico, aunque se considere, tanto desde la administración como desde las asociaciones, que este diagnóstico debe ser multidisciplinar, contando con psicólogos clínicos. Pero en realidad, la normativa no establece esto. No se establece el requisito de la acreditación de un diagnóstico para *identificar* la NEAE correspondiente. Sí lo hacen algunos servicios de Inspección, o algunas Comunidades Autónomas, en sus manuales y protocolos, pero no en los textos legales.

Por todo esto, lo que yo he decidido hacer es facilitar la *clasificación* de NEAE, siempre, como decía, de cara a Inspección o los servicios de salud, cuando la familia necesite acceder a algún servicio o recurso. Esto sucede, sobre todo, a la hora de clasificar como *alumnado con necesidades educativas especiales*, para lo que sí se establece que la causa de las barreras sea una discapacidad o un trastorno. Aprovechando que no se menciona ningún nombre de diagnóstico completo[1], sino la vaga frase "trastornos graves de conducta, de la comunicación y del lenguaje", mi propuesta es *censar* como *NEE* al alumnado que afronte barreras al aprendizaje importantes, que requieran medidas de atención a la diversidad extraordinarias, en el ámbito de la conducta, la comunicación y el lenguaje. Desde mi punto de vista, la definición de NEE se hace en base a que exista la barrera, y que se requieran *apoyos y atenciones educativas específicas*, no la documentación sobre el diagnóstico. Y nuestro trabajo como orientadores es precisamente ese, detectar las barreras y buscar soluciones.

Me encantaría poder adoptar una práctica en la que todo tipo de categorización está fuera de lugar, pero he ido dándome cuenta, que el liderazgo hacia la inclusión que debemos asumir

---

[1] El artículo 76 de la LOMLOE dice: "Se entiende por alumnado que presenta necesidades educativas especiales, aquel que afronta barreras que limitan su acceso, presencia, participación o aprendizaje, derivadas de discapacidad o de trastornos graves de conducta, de la comunicación y del lenguaje, por un periodo de su escolarización o a lo largo de toda ella, y que requiere determinados apoyos y atenciones educativas específicas para la consecución de los objetivos de aprendizaje adecuados a su desarrollo."

desde los servicios de orientación se parece a la acción de sacar agua de un pozo en un cubo muy pesado. Si intentamos sacarlo de golpe, rompemos la cuerda, pero si no tiramos, se queda en el fondo. Es necesario ir tirando de la cuerda poco a poco. Profundizaré en esto en el capítulo 7, en la página 77.

Para ilustrar con algún ejemplo, una alumna que no habla a los cuatro años, a quien podría venir bien acudir a logopedia, es complicado que consiga un documento que diga *trastorno de la comunicación*. No es algo que suceda habitualmente. Podríamos iniciar el proceso de presionar de algún modo al servicio de salud para que emita dicho documento, pero probablemente vamos a llegar tarde. Si acreditamos directamente la categoría *NEE*, basándonos en la evidente barrera, y a la ausencia de logopedas en los centros, la familia puede acceder a las ayudas para costear los servicios de logopedia.

Otra línea roja se refiere al uso de tests estandarizados. En mi experiencia he descubierto que cuando la familia presenta un informe psicopedagógico, si este no incluye ninguna prueba estandarizada suelen tener problemas. La solución que yo he encontrado es la utilización de algunas pruebas estandarizadas para estructurar las entrevistas con profesorado y familias (figura 2.6).

4.1.1   Entrevistas con la familia

En la entrevista con la familia, para la que se tomó como referencia, para estructurarla, la escala de Conners (1990), se observan problemas en la función ejecutiva en lo que se refiere la la atención y la impulsividad. La familia indica que los problemas observados en la escuela también se dan en casa, en cuanto a la dificultad para concentrarse, y para asumir la responsabilidad de sus tareas. En general, el niño no demuestra autonomía para asumir responsabilidades si no se le encomiendan tareas explícitamente y en el mismo momento.

Figura 2.6: Estructuración de las entrevistas

He observado que cuando se incluye esto en el informe, este

ya no supone tanto problema. En cierto modo estamos contradiciendo una de las líneas rojas, pero la prueba estándar (en este caso el cuestionario de Conners) no se aplica para obtener una puntuación ni para realizar un diagnóstico, sino para sistematizar la recogida de información cualitativa del contexto. Más complicado resulta cuando solicitan que el informe incluya alguna prueba de estimación del cociente intelectual. En este caso, una sugerencia puede ser el empleo de algún procedimiento de evaluación más auténtica para el cual esté disponible alguna tabla de *equivalencias* con el CI; por ejemplo, el test de la figura humana. Por supuesto, no indicaríamos en el informe un número, sino que podríamos comentar algo como: "en la evaluación se han observado signos que podrían ser indicadores de un nivel intelectual alto" o algo similar. Insisto en que, cuando añado algo así a un informe es porque se pide expresamente desde los servicios de salud, inspección, o equipos específicos de orientación. En el ejemplo de informe que se ofrece se han utilizado las pruebas de evaluación auténtica de las que hablaba en este mismo capítulo, en la sección 2.1 (figura 2.7).

4.1.3 Pruebas pedagógicas y observaciones

Para obtener un perfil cognitivo que permita comprender mejor al alumno, se emplearon tareas de evaluación según recomienda Ferrándiz García (2005), siguiendo los modelos del proyecto Spectrum. En el desarrollo de las tareas, presentadas como juegos grupales en los que se deben resolver ciertas situaciones, el alumno volvió a demostrar dificultades para atender durante todo el tiempo que dura el juego. Mostró poca capacidad de inhibición en las respuestas, cometiendo algunos errores por este motivo. Además,

2/6

Figura 2.7: Pruebas en el informe psicopedagógico

Como decía, se trata de dilemas éticos para los que cada persona encontrará una manera de afrontarlos. Lo ideal sería que ya no existiese un sistema social basado en las acreditaciones de discapacidad para acceder a los recursos, pero la realidad es que esto es así. Por supuesto, también me parece respetable que alguien opine que no está dispuesta al chantaje para participar del sistema. Lo que está claro es que si son dilemas es porque no son sencillos de resolver.

No se pretende que las ideas y las estrategias aquí expuestas sean un modelo a imitar. No son más que un relato real de cómo un orientador en particular da respuesta a las cuestiones y dilemas presentados. Otra persona habría realizado otra propuesta diferente. Si el lector tiene oportunidad, le recomiendo explorar también las soluciones que han encontrado otras personas diferentes en situaciones iguales o diferentes.

Capítulo 3

¡Buff! ¡Yo no tengo tiempo para todo eso!

Suele suceder, cuando se plantean a una persona al cargo de la orientación de un centro, cosas como las que expongo en el capítulo anterior, que nos encontramos con la respuesta de que todo eso requiere demasiado tiempo de dedicación, y que hay demasiadas cosas que hacer. Y en realidad tienen razón, pero si dedicamos un tiempo, al principio, a poner unas buenas bases para hacer más eficiente el trabajo, en realidad acabaremos ahorrando tiempo. De esta manera conseguimos que el trabajo de orientación no consista en burocracia la mayor parte del tiempo. Sólo el primer mes o dos, mientras configuramos todo el sistema. Así, nos podremos dedicar a lo realmente importante, que es colaborar en el diseño de experiencias educativas.

Afortunadamente, la tecnología nos permite automatizar muchos procesos. Algunos territorios han diseñado herramientas que supuestamente automatizan, pero según las experiencias que me han ido contando algunas compañeras, en realidad esclavizan aún más. El sistema informático no puede marcar nuestra práctica, sino que debe estar al servicio de ella. No puede ser que después de tener una idea nos tengamos que preocupar si esta se puede introducir en el sistema o no. O mucho peor, que acabemos directamente pensando en función de cómo el programa está estructurado.

El sistema que propongo consiste en una base de datos, compuesta por una tabla con los datos del alumnado, otra tabla con las anotaciones del registro anecdótico, y otra tabla con las propuestas para los programas de intervención (figura 3.1). Aunque es posible crear esta base de datos en una hoja de cálculo, yo recomiendo utilizar una aplicación específica de base de datos. Esto nos permite crear consultas complejas, en lenguaje *SQL*, así como vincular campos de diferentes tablas, que en el caso de una hoja de cálculo no sería posible. Esto es importante porque si cambiamos, por ejemplo, un apellido de una alumna que estaba incorrecto, actualiza en cascada aquellos lugares donde lo hayamos vinculado. Si por cualquier motivo necesitamos una hoja de cálculo de todos modos, resultaría muy fácil exportar a ese formato. Yo utilizo la aplicación de software libre *phpmyadmin*, que funciona en cualquier plataforma, en modo web, por lo que incluso podría servir para una aplicación institucional. Después, es posible programar las consultas con *scripts* combinando algoritmos en lenguaje *PHP* que incluyen consultas en *SQL*, y por último generar informes con el programa $\LaTeX$. No voy a extenderme sobre este tema. Si no entiendes nada de lo que he escrito hasta ahora, es mejor que le pidas a alguna persona conocida con competencia en manejo de base de datos que lo interprete para ti, e idealmente que te ayude a seguir los pasos que recomiendo. O también puedes saltarte este capítulo.

En primer lugar, en la tabla del alumnado se puede registrar la etiqueta NEAE que nos obligue a usar el sistema de certificaciones, discapacidades y ayudas, pero no debe ser la referencia que estructure los datos. En ella también registraremos las barreras al aprendizaje con las que probablemente se vaya a encontrar el alumnado, otros datos como centro, curso, etc.

A mi me han funcionado dos campos en la tabla de alumnado que dan muchas posibilidades. Un campo sería el perfil académico, donde registramos si es un alumno o alumna que no suele tener problemas con las calificaciones, si tiene algún que otro problema, o si acostumbra a suspender. Esto es muy útil para detectar muy rápido aulas en las que las barreras al aprendizaje son más evidentes. Se puede asignar, por ejemplo, el 0 para el alumnado que se desenvuelve sin problemas, el 1 para el que tienen algunas dificultades para aprobar, y el 2 para el que suele suspender mucho, repite, etc.

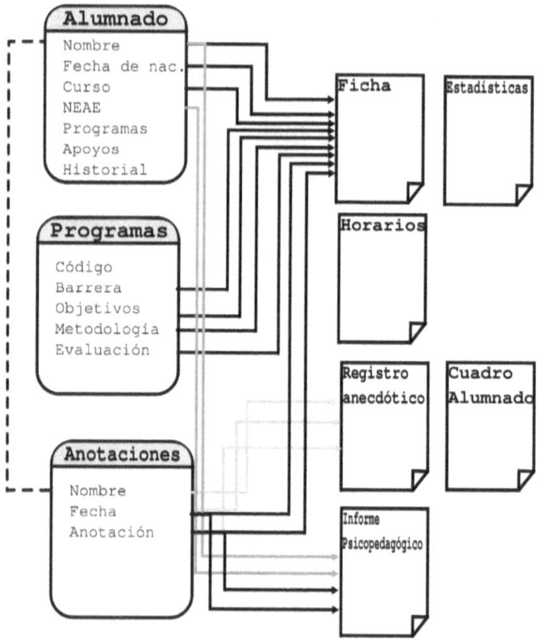

Figura 3.1: Diagrama de la base de datos e informes

Otro campo estaría formado por veinticinco dígitos, que se refieren a las horas lectivas de la semana. El dígito de cada espacio indica los apoyos que se están ofreciendo: 0, sin apoyos, 1, el profesorado tutor sigue un programa de intervención y recibe asesoramiento y seguimiento, 2, el profesorado tutor recibe apoyo en el aula de profesorado no especialista en atención a la diversidad, 3, el tutor recibe apoyo en el aula de profesorado de pedagogía terapéutica, 4, el tutor recibe apoyo fuera del pt, 5 apoyo dentro de al, 6, apoyo fuera de al. Este campo nos permitirá generar los horarios automáticamente. Muchas veces, el hecho de tener que actualizar los documentos, etc. hace que no se cambien los horarios de apoyos en todo el curso, cuando estos deberían ser revisados constantemente. El tiempo que ahorramos con esta generación automática de horarios es mucha más de lo que se puede pensar.

La tabla de anotaciones es, quizá, la más importante. Registrará todo lo que se haga en el departamento, y estará enlazada con la tabla de alumnado. Se incluyen aquí, desde las anotaciones de cada observación, pasando por las entrevistas con familias, profesorado, inspección, etc., hasta todo tipo de informes. De esta manera, a un click tendremos toda la información necesaria sobre cualquier alumno o alumna. Yo tengo la costumbre de imprimir esta tabla cada cierto tiempo, de tal modo que voy creando una especie de bitácora en papel que cumple varias funciones. Por una parte, permite trabajar cuando no funciona el ordenador; Da una buena imagen cuando se consulta cualquier cosa ante familias, inspección, etc.; Facilita mucho al equipo directivo consultar cualquier cosa cuando estoy en alguno de los centros de itinerancia, o de baja… Y seguramente muchas otras.

Por último, la tabla de programas registrará nuestras propuestas para los programas de intervención de las que hablo en profundidad en el capítulo 8, en la página 89. Se pueden asignar varios alumnos diferentes a un mismo programa, y un alumno puede estar relacionado con varios programas. Como siempre, la asignación a los programas se irá revisando constantemente. Aunque algunos críticos dirían que los programas no deben estar destinados a alumnos particulares, como decía antes, mientras no se plantee desde el punto de vista del déficit, y si de las fortalezas y de la eliminación de barreras, relacionar programas con alumnos concretos permite tener en cuenta las características de estos, y a la vez, saber de que alumnado tenemos que estar más pendientes. En la sección 8.1 (página 97) se hace una propuesta de cómo plantear estos programas para ahorrar tiempo de gestión en su redacción, haciéndolos polivalentes para muchas personas diferentes, y de año en año. Además, el propio contenido se utiliza para redactar los informes.

Una parte del sistema que me parece especialmente útil es la colección de trabajos del alumnado, para poder obtener información de los portfolios de los que hablaba en la sección 2.2 (página 24). Un sistema muy simple, pero muy efectivo, es guardar los trabajos escaneados en una misma carpeta. En el nombre del archivo podemos incluir la información de metadatos, que luego nos permitirá fácilmente realizar todas las consultas que queramos. Es interesante que el nombre del fichero incluya algún código que identifique al alumnado, la fecha, el curso en el que está, y posiblemente, información sobre el perfil académico: si aprueba todo, si tiene problemas para aprobar, etc. Esta última parte es la que más puede variar, en función de cómo planteemos el portafolio.

La idea principal es que, a partir de esta base de datos, podamos ejecutar automáticamente todas las consultas que necesitemos. Se puede automatizar todo: la actualización de horarios, propuestas para estrategias educativas actualizadas al día, impresión del registro anecdótico, recuentos variados para las aplicaciones estadísticas de la administración, gestión de portafolios de trabajo del alumnado... Voy a mencionar como ejemplo, la elaboración de las estadísticas de NEAE, por ser pura burocracia que lo único que hace es retrasar nuestro trabajo. El algoritmo de consulta a la base de datos recorrerá las tablas buscando toda la información absurda que nos piden, como el número de horas que se han asignado dentro y fuera del aula, el número de niñas y de niños que están censados con cada una de estas NEAE, el número de alumnado por cada nivel, etc., etc. Comprobar todo esto a mano nos llevaría varias horas, y este algoritmo lo realiza al instante.

Esto no es más que mi propuesta, pero estoy convencido de que en ella se contienen varios elementos ineludibles. En su momento, pensé en publicar el código que yo programé para ejecutar las consultas a las bases de datos, pero es algo que lleva mucho trabajo a alguien como yo, que no me dedico profesionalmente a la programación. Si en el futuro viese que hay gente interesada en usarlo, me plantearía publicarlo. Pero hay que tener en cuenta que no sería un programa que se instalase sin más. Implicaría la creación de las bases de datos, y la adaptación del código a las necesidades de cada quien. Soy consciente de que hay muchos aspectos mejorables, de hecho todos los años incorporo alguna mejora. Sé que en algunas comunidades autónomas existen sistemas informatizados de planteamiento similar a este, pero por lo que las personas que los utilizan me han contado, no resulta fácil llevar a cabo un trabajo inclusivo, y no suelen resultar cómodas para utilizar los datos fuera del ámbito de la aplicación. Por eso es mejor utilizar software libre, por la compatibilidad de todo lo que hagamos para exportarlo fácilmente a otros sistemas. Yo incluso recomendaría utilizar un sistema parecido al que yo propongo aún en el caso de contar con una plataforma institucional. No resultaría nada difícil, una par de veces al mes, volcar los datos desde nuestro sistema. Incluso compensaría pasarlos a mano.

Parte II

En el aula

Capítulo 4

Ya, ya, pero no conoces los alumnos que yo tengo

4.1.   Este niño es de cincos… raspados

Las expectativas son un arma mucho más poderosa de lo que en principio se pueda imaginar. Aunque nos parezca increíble, el efecto que tiene en el proceso de aprendizaje lo que los adultos esperan del alumnado es enorme. Debemos hacer un esfuerzo por mantener estas expectativas al máximo. Eso sí, siempre conectados con la realidad. No todo el mundo puede conseguir cualquier cosa. Pero lo que se podemos conseguir cuando sentimos que los demás mantienen sobre nosotros unas altas expectativas puede llegar a ser enormemente sorprendente.

Si planificamos un paseo y pensamos que algunos alumnos no van a llegar, tenemos algunas opciones. O que no vayan (PT, ACS), o que vayan pero participen según su nivel de capacidad. Por ejemplo, llevarlos un rato en coche, o parar cada diez minutos a jugar a su juego favorito. Es muy importante que participen con los demás y se dirijan al mismo sitio, es decir, que tengamos los mismos objetivos que para los demás, y que siempre estén disponibles para que vayan. Con alguno, en algún momento retiraremos el andamiaje. Otros lo necesitarán toda su vida. Pero desde luego, si no van al paseo, nunca lo conseguirán.

4.2.   Entonces, ¿qué hacemos?¿los pasamos sin saber nada?

Una gran parte del profesorado concibe la atención a la diversidad como se explicaba en el capítulo 1 (página 9). Consideran que deben ofrecer una educación homogénea, y cuando se detecta que una parte del alumnado tiene alguna dificultad, se toman medidas. Las medidas que habitualmente se contemplan son los apoyos fuera del aula, la repetición de curso o las adaptaciones curriculares significativas. Estas medidas no sólo atentan contra los derechos del alumnado, al privarles de su derecho de recibir la misma educación que el resto, sino que además se ha contrastado repetidamente que son muy ineficaces.

Cuando se habla de la repetición de curso, por ejemplo, suelen oírse los mismos argumentos. En primer lugar: "En algunos casos ha funcionado muy bien". Esta afirmación es siempre muy aventurada, porque si hablamos de un caso particular, nunca podremos saber si el éxito observado ha sido consecuencia de repetir curso, ya que no podemos contrastar con la situación sin haber repetido. Además, ese éxito suele considerarse sólo en cuanto a calificaciones escolares, sin analizar otras variables importantes como la autoestima, o el abandono escolar a largo plazo. Aunque más adelante, en el capítulo 10 (página 109) defiendo la idea de que no nos podemos guiar ciegamente por los datos de las investigaciones empíricas, encontramos aquí un ejemplo de casos en los que sí es clara la información que nos aportan. En el caso de la repetición, una y otra vez se observa una altísima tasa de abandono escolar prematuro. Además, cuando se comparan los resultados académicos con grupos de control que no han repetido, no se observan diferencias. Hattie (2012) ofrece numerosos estudios que ejemplifican esto.

Otro argumento muy frecuente es: "¿entonces qué hacemos?¿que pasen de curso sin más?". Esta falacia es muy curiosa, porque se plantea como alternativa lógica a la repetición de curso la *no repetición*, es decir, la ausencia de cualquier medida. En otras palabras, es la falacia del miedo (*argumentum in terrorem*). Cuando se usa este argumento se suele apelar también al daño que se hace a los demás cuando los que no estudian pueden pasar de curso de todos modos. En otras palabras, lo que pasa una vez más es que si proponemos que no exista la repetición de curso estamos poniendo en peligro la homogeneidad que tan cómoda resulta, pero que es lo opuesto a la diversidad.

También es un tema muy frecuente el de los deberes. Casi todas las conversaciones que he tenido como orientador en las sesiones de evaluación acaban por buscar la manera de que ciertos alumnos o alumnas hagan los deberes, ya que supuestamente esta es la razón por la que no consiguen aprobar. Ni siquiera voy a hablar demasiado de este tema. Además de que el alumnado está en los centros tiempo más que suficiente para realizar los aprendizajes, sobre todo en primaria, delegar el aprendizaje en los deberes genera conflictos en las familias y una gran desigualdad social. Algunos profesores llegan incluso a considerar que su alumnado debe acudir por las tardes a una academia privada.

En caso de que no se encuentre la manera de que el alumnado haga los deberes, suele acabar repitiendo. Cuando además existe un diagnóstico de necesidad específica de apoyo educativo, puede proponerse una adaptación curricular significativa. En otra palabras, reescribir la programación para algún alumno o alumna concreto. Es evidente que esta medida es una segregación pura. Con este tipo de adaptaciones lo que hacemos es, en primer lugar, rebajar las expectativas que tenemos del alumnado. Gran parte del profesorado que defiende esta medida, lo hace porque lo que realmente desea es una justificación para que ese alumnado trabaje con un libro de texto diferente. Y a ser posible, que lo haga fuera del aula, con el profesorado de apoyo, todas las horas que se pueda.

4.3.　¿Cuál es la alternativa, entonces?

En el capítulo 1 (página 9) exponía que primero necesitamos realizar un cambio en la manera de concebir la diversidad. Una vez que consideramos que no es un problema, sino algo que nos enriquece, nos damos cuenta de que las alternativas se basan en diseños de aula más flexibles, que permitan la participación de personas con características diversas. El marco de referencia del diseño universal para el aprendizaje (Elizondo Carmona, 2022; Márquez Ordoñez y García Pérez, 2022) describe las características de ese tipo de diseños: proporcionar múltiples maneras de presentar la información; múltiples maneras para motivarse y múltiples maneras para presentar los resultados. Se trata de un marco de actuación, y no de una metodología concreta. Por ejemplo, la enseñanza multinivel nació como una de las maneras de llevarlo a la práctica. En el mismo sentido, Tomlinson (2014) propone el modelo de las *aulas diversificadas*. Aunque no mencione en su célebre libro el diseño universal, todo su planteamiento se basa en la misma manera de mirar a la diversidad. No importa el nombre que demos a cada cosa, mientras ese cambio de mirada se haya producido. No voy a usar demasiado ninguno de estos términos para que la atención del lector pueda centrarse en las propuestas en sí, no a su afiliación ideológica.

Cuando pienso en un concepto, suelo verlo como una imagen. En este caso, la imagen que yo veo es al alumnado cruzando un río (figura 4.1). Aunque hay unas piedrecitas para ir saltando, no todos pueden hacerlo. Nuestro trabajo es conseguir que crucen, pero no necesariamente pisando todas las piedrecitas. Podemos poner más piedras, podemos sujetarlos para que no se resbalen al saltar… pero también podríamos cruzarlos en barca. El objetivo es alcanzar la orilla, no cada una de las pie-

Figura 4.1: El diseño universal frente a lo que se ha hecho habitual

dras. De la misma manera que resolver problemas utilizando las matemáticas es nuestro objetivo, no la memorización de la tabla de multiplicar. O dominar el movimiento de los dedos es el objetivo, no pintar con las ceras. Por eso es muy diferente que las tradicionales sesiones fuera del aula o las adaptaciones curriculares. En ellas, en lugar de cruzar la orilla, le damos un paseo por la orilla en la que ya está. En el caso de los suspensos podrían ser lo que caen al agua, y les obligamos a repetir una y otra vez el salto hasta que lo consiguen. Hasta que los consiguen unos pocos, claro.

Otra manera de verlo es pensando en esa situación que sucede en todas las casas, cuando los niños no se comen el filete con guarnición de verduras. Aplicar el diseño universal es lo que hacían nuestros progenitores cuando convertían el filete con verduras en una hamburguesa con todo mezclado. Ahí siguen todos los nutrientes, pero nos hemos adaptado a las necesidades de la persona. Y lo más importante es que no perjudicamos a quien se hubiese comido el filete de todos modos.

En el capítulo siguiente se ofrecen algunos ejemplos de lo que podrían ser esas propuestas didácticas flexibles, estas diferentes maneras de cruzar el río. He decidido incluir ejemplos de actividades que yo mismo he diseñado o en las que he participado, ya que como planteaba al principio, he diseñado este libro como el relato de mi propia experiencia como orientador.

Capítulo 5

Cómo se nota que estáis en el despacho, lejos del aula

Después de haber hecho un recorrido por las tareas que las personas responsables de orientación llevan a cabo en su día a día, puede parecer que la fundamentación de principios de la que hablábamos, y todos esas propuestas inclusivas que vamos elaborando son muy bonitas y grandilocuentes, pero que las podemos hacer por estar lejos del aula, y que si realizáramos nuestra labor en el día a día, en las aulas, nos daríamos cuenta de que no es sencillo poner estas ideas en práctica.

Además de estas actitudes, también es frecuente encontrarnos con algunas de estas expresiones: "no tengo tiempo para esas cosas, tengo que dar el currículo". O también: "estoy de acuerdo, esa sería la manera de hacerlo, pero la legislación no me lo permite". Por supuesto, esto también incluye la famosa excusa del "Gran otro", de la que hablaré un poco más en el capítulo 6 (página 73).

Por todo esto, en esta parte del libro se ofrecen algunos ejemplos de propuestas para el aula. Sin embargo, hay que tener en cuenta que este no es un libro sobre didáctica, por lo que no profundizaré demasiado en cada una de las metodologías que se propongan. Quien desee hacerlo, puede empezar consultando las referencias que aquí irán ofreciendo.

5.1. Primero ganemos algo de tiempo con las calificaciones

Muchas más veces de las que se podría esperar he encontrado a docentes que, ante alguna propuesta didáctica para responder a algún problema que encuentran, responden que les parece una propuesta interesante, pero que tienen que dedicarse a seguir la programación, y que necesita que su alumnado apruebe los exámenes. Al profundizar en el tema suelo descubrir que emplean gran parte de su tiempo en tareas relacionadas con las calificaciones: los exámenes, las recuperaciones de los exámenes, la *corrección* de trabajos para nota, *corrección* de libretas, explicaciones a familias sobre el cálculo de calificaciones, elaboración de rúbricas, etc.

Volviendo a la situación que se presentaba en la viñeta del fórmula 1 (página 9), imaginemos ahora que los mecánicos necesitan verificar que un coche es apto para competir en el mundial, debe comprobar que alcanza la velocidad punta requerida, así como que es capaz de girar de manera estable a cierta velocidad. Realiza unas pruebas en el circuito y otra en las pista. Reduce cada prueba a un número, que representa la performance del coche, y después asigna un porcentaje ponderado a cada una. Así obtiene una puntuación final. Una puntuación por encima de 5 hace al coche apto para la carrera. Puede pasar que el cinco ha sido solo por la velocidad punta, con lo que el coche se va a salir en las curvas, o al revés. O puede pasar que el día de la prueba lloviese, con lo cual los resultados no servirían para suelo seco. El 5 final no aporta ninguna información válida. ¿Qué nos hace creer que cuando hacemos esto en educación funciona? Y lo hacemos. Se da la siguiente situación: los criterios de evaluación dicen que el alumno tiene que ser capaz de comprender textos escritos simples y que también tiene que saber producirlos. Los instrumentos de evaluación son un examen y la observación de la libreta. El examen tiene preguntas de comprensión y de redacción, la libreta lo mismo. Ponemos una nota a cada cosa, ponderamos la media y obtenemos un 5: aprobado. Pero tanto puede suceder que sólo sepa hacer una de las cosas, que no sepa ninguna pero copiase en el examen, que copiase la libreta por un compañero, etc. Aún siendo fiable la información, una vez obtenida la media ponderada, no da ninguna información de si sabe las dos cosas, o sólo una de ellas.

La solución lógica es, en lugar de poner una nota numérica a cada una de las pruebas, utilizar una guía de observación en la que consignamos qué cosas se han hecho bien. Para la calificación final establecemos que la calificación máxima consiste en tener todas perfectas, la calificación media en tener las dos a un nivel medio, y los suspensos que falta una de las dos, o las dos. Y, junto con la calificación final, que solo damos porque estamos obligados, aportamos la información de lo que está y lo que no está, idealmente acompañado de ideas sobre estrategias para conseguirlo. Esta información es muy útil tanto para las familias, como para el profesorado del curso siguiente, que puede planificar las clases atendiendo especialmente a las cosas que no han sido aprendidas.

Es decir, lo que necesitamos es crear procesos de evaluación formativa. Como decía, no voy a extenderme sobre cada uno de los temas particulares. El lector puede encontrar más información siguiendo el trabajo de Wiliam (2011). También muy interesante es el libro de Morales Lobo y Fernández Fernández (2022).

5.2.   ¿Pero eso no sale en el libro, no?

Las propuestas que presento en este libro implican salir de la zona de confort que proporcionan los libros de texto. Es cierto que en alguna ocasión he colaborado con alguien del equipo docente en una propuesta basada en el uso del libro, pero creo que para eso no hace falta escribir un libro. No voy a insistir mucho sobre este tema, pero estoy convencido de que muchos de los problemas que encontramos en los centros surgen porque la comodidad que genera el uso del libro como referente de programación principal es muy difícil de vencer. De hecho, casi nunca se utiliza la propuesta didáctica completa, sino que se termina por usar el libro de la forma más cómoda: "vamos a leer en la página x", "para mañana los ejercicios x e y", "no os olvidéis de estudiar la página x".

He encontrado a mucha gente a la que en cuanto se le propone prescindir del libro encuentra diversas excusas. Una de las más típicas es porque quieren justificar el gasto que han hecho las familias, que en caso contrario se quejarían. Por más que pienso en ello, no veo cómo, una vez que han hecho el gasto, usarlos o no no les va a devolver el dinero. No creo que una familia a la que se explique que se va a mejorar la calidad de la educación al no usar el libro se vaya a quejar. Por otra parte, el libro siempre puede ser usado por las familias como referencia de la asignatura. Incluso podrían realizar las actividades libremente, y se las podríamos *corregir*.

Otra excusa típica es que si lo ha aprobado el departamento, o el claustro, en el caso de los colegios de primaria, hay que usarlo a pesar de todo. Este argumento no tiene sentido, sería un gravísimo atentado contra la libertad de cátedra, cuyos límites, según la jurisprudencia del Tribunal Constitucional, se configuran sobre todo en el respeto a la normativa sobre el currículo. Aunque los órganos de coordinación tomen decisiones sobre los materiales curriculares, podemos oponernos (Sanabria-Márquez, 2015, p. 73). Los centros educativos no pueden establecer normas para las actividades que cada uno desarrolla en su aula. Por desgracia, tengo experiencia en esto, ya que me vi forzado a anteponer un recurso contencionso-administrativo en una ocasión que se me quiso imponer el uso de un libro de texto. Es cierto que perdí el recurso, pero porque la jueza decidió ignorar el análisis de la libertad de cátedra y se limitó a confirmar mi sanción sin empleo y sueldo por desobediencia a la dirección del centro, sin molestarse en analizar si sus órdenes eran legítimas o no.

La última de las excusas que voy a mencionar es mi favorita. En una ocasión alguien me dijo: "no puedo apoyarte en este asunto de no usar libro, aunque creo que tienes razón, porque ¿cómo justifico yo después obligar a las familias a comprar tantos libros?". Agradecí mucho la sinceridad de esta persona.

Como última reflexión sobre este tema, añadiré que no tiene sentido tampoco tratar de obligar a las personas a no usar los libros de texto. Hace unos años trabajé en Calgary, Canadá, donde el uso de los libros está muy mal visto. O quizá no esté permitido en la normativa, pero esto no importa. El caso es que muchas de mis compañeras se las arreglaban para organizar sus clases de la misma manera que se hace con los libros de texto. Se traficaba con fotocopias, se hacían con libros para su aula alegando que sólo los usaban como recursos puntual, etc.

5.3.   La motivación. Los proyectos estructurales

Una grandísima parte de las situaciones en las que el equipo docente pide ayuda al departamento de orientación están relacionadas de algún modo con la motivación. Puede ser porque "no trabajan en clase", porque "no hacen los deberes", y otros problemas similares.

Durante mis años de docencia más directa, mi manera de trabajar ha estado influenciada, sobre todo, por las ideas de John Dewey. El aprendizaje a través de la experiencia (Dewey, 2015) es lo que ha funcionado mejor para optimizar la motivación del alumnado. He llamado a mi manera personal de implementarlo en el aula **proyectos estructurales**. La idea consiste en que todas las experiencias educativas que se plantean se estructuran en torno a una serie de proyectos que se mantienen durante todo el año. Gerver (2014) llevó a cabo algo muy similar en su etapa como director de centros. Algunas ideas de estos proyectos estructurales pueden ser: el periódico, la huerta, etc. Pueden mantenerse durante todo el año, dedicándole algo de tiempo semanal, y a través de las tareas destinadas a sacarlos adelante, podemos ir introduciendo el currículo. Por ejemplo, en la huerta podemos hacer mediciones, pensar qué especies sería más lógico plantar, investigar la distancia entre las plantas, la frecuencia de riego, etc. En el periódico caben muchas tareas: búsqueda de noticias, redacción, corrección, maquetación. Cuando era tutor de primaria, cada alumno elaboraba su plan de trabajo, que yo supervisaba, y que podía construir con las actividades que le interesaban.

Siempre hay que tratar de que estos proyectos sean lo más diversificados posible. Y tratar de que todo el alumnado participe en todos ellos en alguna medida. De esta manera será más probable que les ayudemos a encontrar "su elemento" (Robinson y Aronica, 2009). En caso de que ya sepamos cuál es el *elemento* de algunos, no podemos olvidarnos de incorporar algún proyecto en el cual puedan desarrollarlo.

Como ejemplo de cómo llevarlo a cabo en el aula, durante el confinamiento publiqué la idea que ofrecí, de un *proyecto estructural*, a los equipos de los centros donde trabajo. Se trata de crear una especie de editorial para producir libros colaborativamente. Aunque estaba pensada específicamente para las condiciones excepcionales del momento, en realidad sería más fácil en las condiciones *normales* (González Gándara, 2020). En esta propuesta se incluye una manera de organizarse en el aula mediante un panel *kanban*, donde se crean varias secciones. En una de ellas se colocarían las ideas, tal cual surgen, sin filtro. En otra sección se escogerían las mejores ideas para convertirlas en borradores. El último de los paneles estaría dedicado a versiones finalizadas de esas ideas. Este sistema sirve tanto para la elaboración de un libro, un blog, una pieza musical, etc.

Dependiendo de las características del equipo docente, estos proyectos se restringirán a algún aula concreta, pero lo realmente interesante es crear colaboraciones entre diferentes aulas, o incluso centros. Por ejemplo, podemos colaborar con el alumnado de formación profesional de programación aportando historias y dibujos para un videojuego. Las posibilidades son infinitas. Encontrarás en las *#CharlasEducativas*, que la profesora Mosquera Gende (s.f.) organiza semanalmente, donde profesores y profesoras cuentan sus experiencias organizando todo tipo de proyectos. Entre ellos, algunos con un planteamiento parecido al expuesto aquí.

5.4. Respondiendo al talento

Estructurar el trabajo de aula en tareas o proyectos, escapando de la clásica secuencia de temas, ofrece todo un repertorio de posibilidades para responder a circunstancias concretas. Un tema concreto que suele preocupar mucho es la respuesta al talento, o a las altas capacidades. Desde mi punto de vista, el modelo creado por Renzulli (1994) es la mejor respuesta que la escuela puede ofrecer. En lugar de focalizar al alumnado concreto con *altas capacidades*, se buscan los *comportamientos talentosos*, vengan de quien vengan. Lo que debe hacer la escuela es crear actividades de *puerta giratoria*, es decir, donde los alumnos puedan entrar y salir de manera flexible.

En general, nuestros centros tienen una estructura de aulas y horarios que dificultan mucho poner en práctica este tipo de actividades que deberían acoger alumnado de diferentes aulas en horarios muy flexibles. Pero aún en el caso de que en nuestro centro no consigamos llegar a esto, siempre se pueden dar pasos en ese sentido.

Es muy habitual que los centros tengan disponible algún tipo de aula virtual. En Galicia, todos los centros disponen de un aula *Moodle*. Podemos aprovechar esto para crear en ella las actividades de *puerta giratoria* de las que hablaba antes, que además pueden ser los mismos *proyectos esctructurales*. De este modo, el alumnado puede participar en esas actividades sin necesidad de poner patas arriba los horarios y los agrupamientos. Evidentemente, esto sería un parche a la situación, pero también un buen punto de partida. Una vez puesto esto en marcha será mucho más fácil *vender* el modelo *SEM* de Reis y Renzulli al equipo.

Si el lector tiene curiosidad sobre esta última propuesta, puede consultar el artículo en el que relato cómo lo puse en marcha en mi centro (González Gándara, 2021a).

5.5. PT y AL en aula ordinaria

Cuando organizaba el material del libro no tenía claro en qué parte hablar de los apoyos del personal de PT y AL: a nivel aula o a nivel centro. Si nos orientamos más a los *apoyos dentro*, sería más bien un tema del aula. Pero si tiramos más hacia los *apoyos fuera*, estaríamos ante un asunto a nivel centro. Finalmente me decidí por hablar aquí del aspecto de los apoyos que afecta al aula, la didáctica, y en la parte del libro destinada a los asuntos del centro como comunidad hablaré de la planificación y organización de estos apoyos (en el capítulo 8, página 89).

Es muy frecuente pensar que algunos apoyos son factibles dentro, pero otros no. Especialmente en el caso de AL. En muchos casos se debe a la idea de la *magia* de la persona especialista, de la que hablaré un poco más en el capítulo 8 (página 89).En mi opinión, todos los apoyos deben ser dentro, sin excepción. Eso sí, para mí, existen los **apoyos dentro que se hacen fuera** y los **apoyos fuera que se hacen dentro**. Por ejemplo, algunas veces he visto a la persona especialista de PT dentro del aula, pero sentada en una silla al lado de un alumno concreto que está haciendo una actividad completamente diferente (apoyo fuera que se hace dentro). Sin embargo, otras veces he visto que la persona especialista está en un aula diferente a la ordinaria, con dos alumnos, asegurándose de que han entendido su papel en la actividad que se va a producir a continuación en el aula ordinaria (apoyo dentro que se hace fuera).

Para ilustrar que todos los apoyos se pueden realizar en el ámbito del aula ordinaria me elaboré una propuesta concreta. No sólo con PT en el aula, que habitualmente consideramos factible, sino también con AL. Reconozco que me costó mucho imaginar el trabajo de la persona especialista de AL en el aula ordinaria, porque está muy establecido que sea siempre fuera. Finalmente tuve la idea de un taller de doblaje, donde se proponía al alumnado que ayudasen a recuperar las voces en español perdidas de una película de dibujos animados clásica. El papel de consistía en ayudar a cualquier alumno o alumna a preparar sus frases asignadas. A todo el alumnado, no sólo aquellos con las tradicionales *dislalias*. Todo el mundo puede encontrar un área para mejorar su dicción: algún fonema difícil, alguna combinación de fonemas, vocalización, volumen, prosodia, etc. Presenté la propuesta a los Reconocimientos Internacionales

Aula Desigual *#YoIncluyo* (González Gándara, 2022b), aunque no fue posible llegar a finalista.

La forma de trabajar para las personas especialistas en atención a la diversidad es hacerlo estrechamente con el resto del equipo docente, asesorando en su especialidad, que es hacer que las actividades de aula sean lo más flexibles posible para que se *estiren* en función de necesidades concretas. Por ejemplo, incluyendo más apoyo visual para el alumnado que utiliza mejor la información en forma de imágenes para comprender información, o diferentes niveles para completar lo que se pide, de manera que todos tenga oportunidad de éxito independientemente de sus características personales. El profesorado se encarga de que todas las actividades incluyan algún momento en el que cada uno de nuestros alumnos y alumnas pueda brillar. Nadie puede hacer esto si no los conoce en persona.

Podremos incluir una canción para que brille ese alumno que es especialmente bueno entonando, un baile, dibujos, cálculos matemáticos, etc. Es lo que se suele decir, muy mal llamado "trabajar las inteligencias múltiples". En realidad lo que hacemos es esperar la diversidad. Paralelamente, vamos ofreciendo andamiaje (Vygotsky, 1978) al alumnado que tropieza en alguna de las cosas que le pedimos. Como estábamos hablando de audición y lenguaje, si sabemos que parte de nuestro alumnado encuentra problemas al articular algunos fonemas, podemos, por ejemplo, incluir una parte de la actividad en la que hay que grabar un *podcast*. Los profesionales de audición y lenguaje ayudan a que todos los alumnos y alumnas desarrollen al máximo su capacidad de articular. Como decía más arriba, no hay un nivel definido entre articular bien y articular mal. Es un continuo. Entre pronunciar como Antonio Ozores o como Constantino Romero, está Samanta Vallejo. Si pensamos que la mayor parte de las personas articula todo perfecto, estamos en un gravísimo error. Todos patinamos en algún aspecto: a veces con las *erres*, otras veces con las *eses*, cada uno tiene sus fortalezas y sus áreas de mejora. Como en cualquier otro aspecto del aprendizaje. La clave es que todos, y digo todos, se esfuercen en llegar a su mejor nivel posible. Y no es ni mejor ni peor el que articular mejor. Sólo diferente. Y aprendemos juntos a respetar a las personas independientemente de como articulen el lenguaje.

Soy consciente de que en algunos centros puede ser muy dificultoso la realización de este tipo de proyectos, pero no por ello hay que renunciar a ellos.

5.6. La autorregulación

No quería terminar este capítulo sin hablar de que las propuestas presentadas implican una concepción de aula muy distinta de la tradicional, donde puede ser que el nivel de ruido, el movimiento, y la demanda de ayuda exceda el nivel de tolerancia de muchas personas. Este es un aspecto esencial a la hora de llevar a cabo didácticas más flexibles y personalizadas, que no se puede olvidar.

Tomlinson (1999) hace algunas propuestas interesantes en este sentido, todas ellas basadas en desarrollar la autonomía del alumnado. Es muy importante que la mayor parte sean capaces de realizar las actividades de manera autónoma, para que los docentes tengan el tiempo necesario para las dificultades que realmente requieren asistencia. Es esencial que el alumnado se haga partícipe del proceso de aprendizaje, siguiendo así la idea del *aprendizaje visible*, de Hattie (2012). De esta manera cada quien puede disponer de su plan de trabajo personalizado, que gestiona de manera autónoma, siempre supervisado por el profesor. Casado Berrocal y cols. (2018) ofrece un modelo concreto que puede ayudar mucho como punto de partida. Después, cada individuo debe construir su propio modelo, adaptado tanto a sus características personales como a las de su alumnado y su centro.

5.7. Algunas conclusiones

Como decía al principio del capítulo, he mostrado varios ejemplos de cómo se puede programar la actividad del aula para aumentar la probabilidad de que cada uno encuentre su sitio y tenga la posibilidad de conseguir aprendizajes que le permitan progresar en su desarrollo. Pero hay que tener en cuenta que hay muchísimas otras maneras de hacerlo.

Parte III

La comunidad educativa

Capítulo 6

Inspección ha dicho que lo hagamos así

Un aspecto fundamental de la coordinación con el equipo docente es la relación con el equipo directivo. Como ya he dicho, vivimos unos tiempos en los que es necesario liderar el camino hacia la inclusión educativa. Este liderazgo no siempre va a ser asumido por los equipos directivos, que en muchos casos recurrirán al viejo truco de *un Gran Otro* del que hablaba Zizek (1992), y que retrata magistralmente Lars Von Trier en "El jefe de todo esto" (Von Trier, 2006).

En la película, el jefe de una empresa tiene que despedir a algunos de sus empleados, pero no es capaz porque le gusta tener una relación muy cercana con ellos. Entonces decide contratar a un actor, que hace de *jefe de todo esto*, y es quien les comunica los despidos.

He visto muchas veces este tipo de actuación en los centros, cuando es necesario realizar algún cambio en los horarios que reduce el número de horas libres que cada uno tiene, o las guardias, o agrupamientos con peores ratios. Aunque en muchos casos se trata de decisiones a nivel centro, se suele apelar a que todo viene *de arriba*, o que es la normativa la que obliga a hacerlo. Sin embargo, en muchas otras cuestiones es común no seguir la normativa al pie de la letra. Sin ir más lejos, se incumple mucho de lo que recoge la normativa sobre atención a la diversidad.

En cambio, es extrañamente frecuente que se haga presión para otros asuntos como aceptar participar en la vigilancia del comedor, el uso de libros de texto, poner deberes al alumnado, etc. Asuntos que no sólo no contribuyen a mejorar la calidad de la educación, sino que probablemente la perjudiquen. Por ejemplo, se suele argumentar que si el profesorado no acepta la vigilancia del comedor, aparece el caos y los conflictos. Es decir, que si participamos contribuimos a mejorar la convivencia del centro. El caso es que después de trabajar en un buen número de centros, he visto como algunas veces el comedor gestionado por profesorado es una fuente de conflicto no sólo del alumnado sino también del profesorado; y algunos comedores vigilados por familias funcionan como un reloj.

Unas veces encontraremos un equipo directivo que ayude a tirar del carro. Otras veces pondrán palos en las ruedas. Pero en cualquier caso es imprescindible encontrar la manera de que haya un punto común sobre el que trabajar. El caso es que, sin el apoyo del equipo directivo, cualquier intento de liderazgo en un centro está condenado al fracaso.

Capítulo 7

Esto habrá que derivarlo a orientación, ¿no?

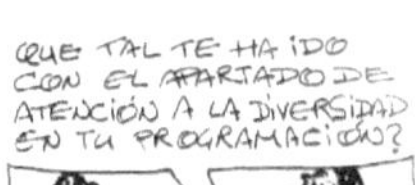

La composición de los departamentos de orientación varía mucho de unos territorios a otros. Como ya he explicado, he trabajado los últimos años en el departamento de orientación de un colegio de educación primaria. Este modo de funcionamiento no es común en las distintas Comunidades Autónomas, como se puede ver en el análisis realizado por Castro (2012, p. 224-225). Existe un debate con respecto a si es más eficaz que los orientadores y orientadoras trabajen en los centros o en equipos externos. Cada opción tiene sus ventajas y desventajas. Trabajar en los centros aporta la posibilidad de crear vínculos con el resto del profesorado, y permite conocer mucho mejor al alumnado y la vida de aula. Por otra parte, trabajar en equipos externos permite optimizar el tiempo dedicado a aquellas iniciativas que realmente cuajan. Es decir, si en un centro no fluye una iniciativa, nos dedicamos más a otro. No me extenderé más sobre esta cuestión ya que esto es algo que no depende de nosotros.

Además, en Galicia tenemos la ventaja de que la normativa concibe un departamento de orientación con representantes de todo el equipo docente. En la figura 7.1 se muestra cómo se contrastan diferentes ideas para conseguir que el aprendiz de la izquierda, en su paso por la escuela, se convierta en el aprendiz sabio de la derecha, en lugar del suspenso que he dibujado debajo. Esto es muy positivo, ya que cuando se concibe el departamento como formado únicamente por orientadores y orientadoras, más profesorado de pedagogía terapéutica y audición y lenguaje, es más fácil caer en el error de que la atención a la diversidad es sólo asunto de esa parte del equipo. Esta forma de pensar refuerza el modelo clínico que se expone en el capítulo 1. En el capítulo 8 se profundiza un poco sobre el tema.

En caso de que la normativa de nuestro territorio esté enfocada a departamentos en los que no están representados todos

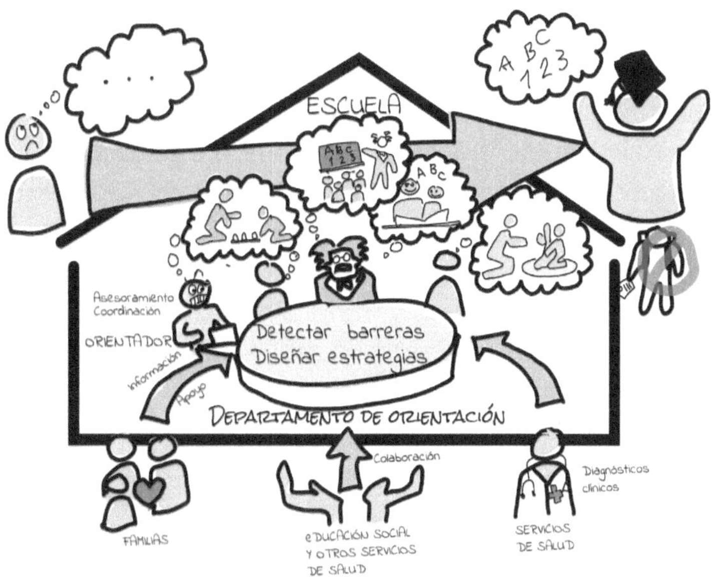

Figura 7.1: Componentes del departamento de orientación

los equipos docentes, sería interesante intentar crear, al menos, reuniones informales donde se escuche a todo el mundo. Incluso se puede ir más allá de sistemas como el gallego, hacia modelos del tipo *comunidades de aprendizaje*. Especialmente interesantes son las experiencias promovidas por Ignacio Calderón y Teresa Rascón en el proyecto *Narrativas sobre la escuela inclusiva desde el modelo social de la discapacidad. Resistencia, resiliencia y cambio social*. Un ejemplo es el CEIP La Parra (Herrera Fernández, Matés Llamas, Farzaneh Peña, y Barrado Fernández, 2021). En este modelo de funcionamiento no sólo se incluye a todo el equipo docente en las decisiones, sino también a todo el resto de la comunidad educativa.

Claro está que, dependiendo de las culturas del centro, puede no ser posible llevar a cabo este tipo de investigación-acción participativa, pero es importante desprenderse de los modelos en los que la atención a la diversidad se considera un asunto de *orientación*. Una de las pocas cuestiones que gozan de unanimidad en la investigación educativa es la colaboración docente como herramienta eficaz para mejorar la calidad de la educación. Hattie (2012) lo coloca en el primer puesto de su ranking de *effect sizes*.

Se plantea un problema muy interesante en cuanto a si es necesario tener una actitud revolucionaria con respecto al equipo docente, cuando este se refugia en pedagogías poco inclusivas, desafiando esos modos de pensar frontalmente. Para reflexionar sobre el tema, hace un tiempo se me ocurrió plantear la cuestión sobre el equilibrio en las relaciones de orientación con el profesorado de aula con un modelo matemático, a partir del concepto de curva de aprendizaje.

Hace muchos años que los matemáticos empezaron a realizar diferentes intentos de describir matemáticamente la curva de aprendizaje. Desde el modelo de Thurstone (1919), con fórmulas muy lineales, hasta otros modelos más modernos. Después de analizar algunos de esos modelos, decidí emplear el descrito por Lešinskis y Chatys (2017, p. 56), quienes proponen el uso de la fórmula $f(x) = \alpha - (\alpha - \beta)e^{kx}$, a la que denominan aproximación a la función exponencial (Ley de potencia), considerando que es de uso común en psicología y en teoría de *cognición expandida*. Este enfoque permite describir varios tipos diferentes de curva de aprendizaje. La que yo usaré se denomina *progreso de logro en los ejercicios*, lo que tiene sentido, ya que el profesorado irá mejorando su capacidad de crear diseños de aula inclusivos mediante la práctica.

En la fórmula, α representa el nuevo nivel de aprendizaje

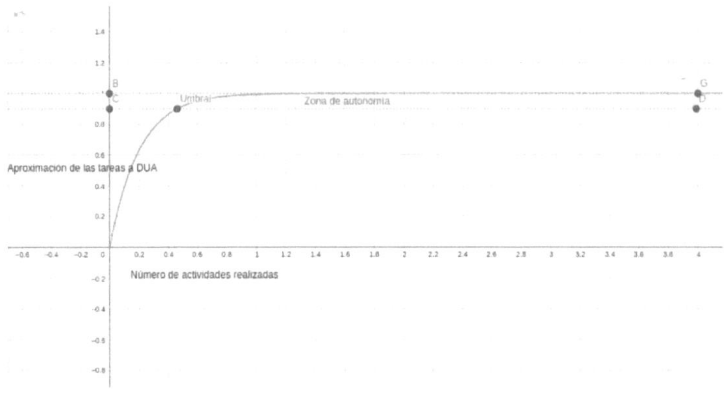

Figura 7.2: Gráfica de la fórmula básica

que se desea alcanzar, β es el punto de partida, y k representa la dificultad del aprendizaje. En el eje vertical se representa el carácter inclusivo de las actividades programadas, cuyos valores van desde 0 hasta 1. El eje horizontal representa la cantidad de actividades programadas. La gráfica de la función ilustra como en los valores muy bajos, la pendiente de la tangente en ese punto, es muy pronunciada. Esto quiere decir que al principio es extremadamente difícil llegar hasta zonas de inclusión alta. Según se avanza, la pendiente cada vez es menor, lo que significa que la persona ha dado los pasos necesarios para ser capaz por sí misma de seguir progresando. Sin embargo, en este punto, los pasos que se dan no suponen una gran diferencia con respecto a lo que ya se está haciendo. La pendiente, por lo tanto, representa la resistencia al cambio de las personas. Esta pendiente se irá haciendo progresivamente más suave, a medida que se aproxima al límite de la función $\lim_{x \to \infty} f(x) = 1$. La figura 7.2 representa gráficamente esta función.

A partir de este modelo base, diseñé uno más complejo, que

describe lo que para mi es el camino que recorre la persona mientras aprende a que su aula sea más inclusiva. Lo que hice fue definir una serie de tramos en la gráfica. La nueva fórmula quedaría como se muestra a continuación.

$$f(x) = \begin{cases} 1 - (1-0)e^{-2(x-0)} & si \quad x > 0 \\ 2 - (2-1)e^{-2(x-3)} & si \quad x > 3 \\ 3 - (3-2)e^{-2(x-6)} & si \quad x > 6 \end{cases}$$

Igual que en el primer modelo presentado, los valores asignados a α representarían cada nuevo nivel de aprendizaje, y los valores asignados a β sería cada uno de los nuevos puntos de partida, donde tomamos la nueva curva. k sería la dificultad del aprendizaje, y δ representaría los momentos de crisis, donde comienza el aprendizaje de alguna nueva habilidad, conocimiento o *mindset* (Dweck, 2006). Con lo cual van quedando definidos tramos de aprendizaje, cada uno con sus curvas. En caso de que la dificultad de nuestro aprendizaje sea de 2 (un valor al azar), y los diferentes niveles son 1, 2 y 3, tendríamos la gráfica de la figura 7.3.

Los puntos de intersección entre las curvas serían esos momentos donde hemos sido conscientes, o nos vemos en la obligación de una subida de nivel. Habrá personas capaces de tomar atajos. Por ejemplo, algunos aprendices excepcionales podrán ser capaces de saltarse un nivel, y acceder directamente a la curva superior. Este tipo de atajos, algunas veces hace que el aprendizaje sea errático, como cuando aprendemos solos de guitarra muy complicados, pero sin comprender lo que sucede en ellos.

De esta manera, quedan definidos algunos momentos clave, los cuales requerirán una estrategia diferente. Podríamos con-

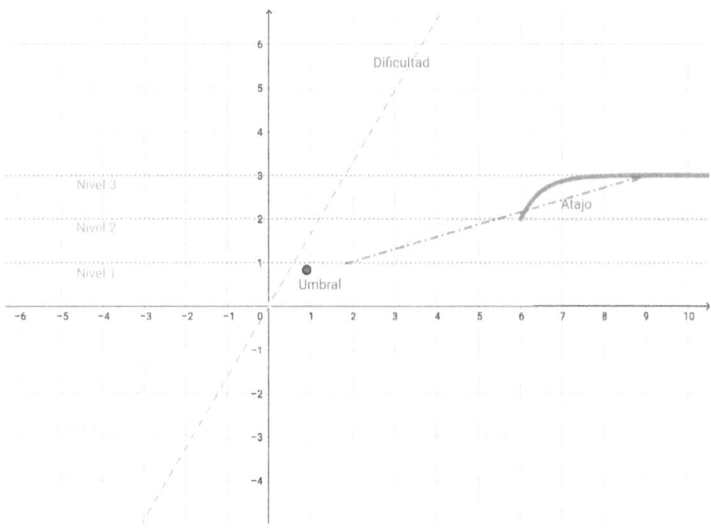

Figura 7.3: Gráfica del modelo completo

siderar tres perfiles diferentes. En el primero está **la persona que aún no ha iniciado el cambio**, y cuyas actividades sólo por casualidad tienen algo de carácter inclusivo. Esta persona aún no habría ni entrado en la curva del aprendizaje de la inclusión, estaría en otra curva anterior de aprendizaje didáctico, y probablemente ni siquiera sea consciente de que existe esta otra curva, que representa, sobre todo, un cambio de mirada (*growth mindset*). Estaría en una situación similar a la descrita por el efecto *Duning-Kruger*: tendría la sensación de que domina la didáctica, ya que se encuentra muy cerquita del nivel de dominio.

El siguiente momento se configura con **la persona que con ayuda dará pasos hacia la inclusión**, y la persona que ha comenzado un proceso irreversible de cambio. Esta segunda persona estaría ya dentro de la curva de aprendizaje de la inclusión, pero antes del umbral de dominio.

Por último, están **las personas que han superado el umbral**. Se encuentran en un estadio de autonomía, correspondiendo con la idea de aprendizaje alojado en la memoria procedural, concepto utilizado, por ejemplo, en el entrenamiento de pilotos. En este momento, el aprendizaje ha sido dominado y es ya inconsciente. Como ocurre con la destreza para pilotar, para tocar un instrumento, o para jugar al ajedrez. Estos umbrales varían para cada persona, al igual que la constante k. En realidad, esta misma curva se podría aplicar a cualquier tipo de aprendizaje.

Es necesario recordar de todos modos que, aunque es inevitable que sean algunas las personas concretas que hacen difícil que un equipo trabaje de manera inclusiva, siempre es aconsejable poner el foco en todo el equipo que en una persona concreta. En el capítulo 10 (página 109) se propone la idea de focalizar las buenas actuaciones docentes del equipo en su conjunto, en lugar de centrarse en las características de cada individuo. A la hora de crear una cultura inclusiva, lo ideal es plantear una estrategia a nivel centro. En el capítulo 11 (página 121) se muestra el modelo que he diseñado para mi centro.

En realidad, todo este modelo matemático surgió como una broma contra los *evidenciólogos*, que siguen una tendencia actual llamada *educación basada en evidencias*. Cuando este modo de pensar se lleva al extremo, las únicas ideas que se consideran de valor son aquellas que se pueden contrastar con estudios experimentales, con grupo de control, y medición cuantitativa de variables. En el capítulo 10 hablaré algo más de este tema.

Pero de hecho, el modelo ilustra muy bien el problema de cómo tratar con equipos docentes que perpetúan modelos educativos de tipo clínico. En estos casos, tratar de imponer estrategias inclusivas puede dar como resultado que el profesorado se ponga a la defensiva y ya no podamos construir una cultura colaborativa. Me gusta plantearlo como una persona tratando de sacar un cubo de agua de un pozo. Si ofrece mucha resistencia, no sirve de nada tirar más fuerte, porque la cuerda se puede romper. Hay que adaptarse a la situación. Puede ser que se haya atascado con algo, por lo que habría que dejar de tirar y encargarse del obstáculo. O también podría ser que lo hayamos llenado demasiado, con lo que habría que vaciarlo un poco. En otras palabras, es necesario llevar a cabo un *scaffolding* (Vygotsky, 1978), o andamiaje. De esta manera, lo que estamos haciendo es allanar la curva de la gráfica que se mostraba antes, o también crear niveles intermedios a los que se planteaban, para hacer menos costoso el paso de uno a otro.

Cuando estamos en un nivel, a veces no podemos ver el siguiente. El *growth mindset* es ser consciente de que aunque nos parezca que ya nos hayamos en el límite de la función, siempre hay la posibilidad de cambiar la fórmula, añadiendo tramos. Por ejemplo, cuando llegamos a cierto nivel de unidades de aprendizaje, puede ser que nos demos cuenta de la posibilidad del siguiente nivel, para el cuál, volviendo a las matemáticas, la fórmula sería $f(x) = \alpha - (\alpha - \beta)e^{-k(x-\delta)}$. Si estamos encerrados en una curva determinada, nos va a parecer imposible la mera existencia de los otros niveles, porque para llegar a ellos necesitamos adquirir conocimientos, habilidades, o lo más complicado: mindsets (cambios de mirada). Algunas personas son capaces por sí mismas, pero frecuentemente se necesita ayuda.

Estaríamos hablando de atención a la diversidad, pero dirigida al equipo docente. He pensado en un término para referirme a esto, que hasta donde yo he podido indagar, no se ha utilizado anteriormente: la **Metadiversidad**. En otras palabras, la diversidad propia de aquellos que se encargan de atender a la diversidad. Mucho de lo que hemos dicho sobre la atención a la diversidad del alumnado podría aplicarse también al profesorado. Aunque reconozco que en su momento a mí me supuso un gran esfuerzo, es importante también celebrar la diversidad del profesorado. Cualquier persona va a tener sus fortalezas, sobre las que deberemos construir la mejor propuesta educativa de nuestros centros. Tenía claro que es necesario creerse este enfoque para que resulte creíble al resto del equipo. Lo que me ha funcionado a mi —aunque sólo en parte— es no ofrecer sugerencias a quien no las ha pedido. Es decir, no valorar la actuación educativa de ningún miembro del equipo hasta el momento en que ponen sobre la mesa un problema que han encontrado y piden ayuda para darle solución. El resto del tiempo me ayuda pensar que seguro que esas personas disponen de un repertorio de fortalezas que construirán, junto a las de otros miembros del equipo, una *vida educativa* muy rica para el alumnado. Trato de convencerme que incluso con esas personas que me pueda parecer que hacen todo mal (esto va a pasar en algún momento), como mínimo va a ser positivo para el alumnado, desarrollando su capacidad de salir adelante en situaciones adversas.

Puede que esta manera de pensar pueda parecer un poco hipócrita, pero por el momento he conseguido siempre detectar algún punto positivo de lo que hace cada uno a partir de donde yo pueda desarrollar una idea.

A medida que más personas del equipo docente van introduciendo en sus aulas programaciones más inclusivas, llega el momento de que otras personas se incorporen. Para conseguir esto es importante ofrecer puertas abiertas en todo momento, para que cada quién vaya entrando a su ritmo. Por ejemplo, la profesora de inglés propone al de matemáticas colaborar en una *escape room*. Ella proporciona contenido lingüístico y cultural y él proporciona retos matemáticos para ir superando algunas pruebas. También pueden pedir colaboración a la profesora de informática, que les ayudará a implementar algunas de las pruebas en el aula virtual del centro.

Es posible que algunas personas siempre contesten negativamente, pero tarde o temprano alguien dirá que si. Además, es una buena forma de dar oportunidades al profesorado recién incorporado para que no se deje llevar por las tradiciones más negativas que suelen darse en muchos centros. En una ocasión pregunté a Richard Gerver en una conferencia qué me aconsejaba hacer para *captar* más profesorado hacia esta manera de trabajar. Me contestó que me lo tomara como un virus. El objetivo es infectar a una persona, que a su vez podrá contagiar a otros. Se disculpó por lo inapropiado de la metáfora en una situación de pandemia, pero la verdad es que de esta manera se hizo entender perfectamente.

Capítulo 8

¿Cuántas horas me lo puedes sacar?

La idea tradicional de los apoyos basada en *sacarlos del aula* debe ser desterrada. Tomlinson (2014) Lo argumenta muy bien, señalando que igual que un grupo de altas capacidades que trabaja por separado se afianza en su competencia, los grupos de baja capacidad se encierran en la baja capacidad, no tenderán a igualar al resto del grupo. Hay que desprenderse también de esa idea de que el profesorado de PT y AL tienen algo mítico, el *polvo mágico*, como lo describen Causton-Theoharis y Theoharis (2008, p. 31), que les permite una gran eficacia con alumnado que ha sido identificado como NEAE.

> Se ha intentado cubrir las necesidades de los alumnos más retrasados y más avanzados, sacándolos de sus clases habituales durante parte o toda la jornada escolar. Se les enviaba a clases especiales con estudiantes similares y profesores con la capacidad de atender sus necesidades específicas […] estas experiencias en grupos homogéneos no dan buen resultado […] las clases para chicos atrasados mantienen a estos en un perpetuo retraso.
>
> […]
>
> Cuando los estudiantes avanzados son ubicados en clases homogéneas de ritmo acelerado, suelen sacar provecho del ritmo ágil. (Tomlinson, 2014, p. 51-52)

¿Por qué entonces se crean las especialidades de pedagogía terapéutica y de audición y lenguaje? En mi opinión, esta decisión fue un error. ¿Por qué estas dos en concreto? ¿Por qué audición y lenguaje por separado? ¿Por qué no una especialidad en autismo, o hiperactividad, o atención? Fue una decisión arbitraria que favoreció entenderlas según el modelo clínico. Aunque para algunos sigue estando muy claro que la actividad de los profesionales en audición y lenguaje no se puede hacer en el aula ordinaria, en el apartado 5.5 (página 65) se exponen algunas propuestas que lo hacen posible.

Sería mucho mejor que el personal de apoyo realizase codocencia, planificando, ejecutando y evaluando juntos. Aportaría su mayor formación y experiencia en atención a la diversidad, y trataría de teñir la práctica del resto de docentes, de elementos que mejoren la atención a la diversidad. Esta manera de trabajar no es muy común ahora mismo, pero hay personas que trabajan así. En mi etapa como tutor tuve la suerte de conocer a un par de ellas. A este personal podríamos llamarlo simplemente *personal de apoyo*, o personal **especialista en atención a la diversidad**.

Entendiendo así los apoyos no tiene sentido la habitual costumbre de las reuniones semanales del personal de apoyo con la jefatura del departamento de orientación. Es más lógico que se reúnan para planificar y evaluar las personas que colaboran dentro del aula. Lo que debería hacerse son reuniones frecuentes del profesorado de área con el personal de apoyo. Me refiero como reuniones a mayores de las del departamento de orientación[1], que suelen hacerse mensualmente.

La principal idea que está muy arraigada, y que habría que aclarar cuanto antes, es que AL no es logopedia. Si lo fuese, se contrataría a logopedas. Obviamente, comparte técnicas con la logopedia, pero es mucho más. Establecer una barrera artificial entre lo que necesita de AL y lo que no, es muy artificial. ¿Por qué necesita logopedia la *r* múltiple (/r/) pero no la *ll* (/ʎ/) cuando la mayor parte de nuestros alumnos pronuncian con

---

[1]Hay que recordar en este punto que en Galicia, el departamento de orientación incluye representantes del profesorado de cada nivel educativo

yeísmo? Siempre hay aspectos en el lenguaje de una persona que pueden ser pulidos. Como se veía en la propuesta didáctica, el profesional de AL se puede integrar en la planificación de las clases, e introducir en ellas experiencias en las que cada alumno tenga oportunidad de pulir aspectos de su lenguaje, independientemente de su nivel. En el ejemplo se doblaban clips de cine. El profesional de AL diseñaba las frases que tenía que decir cada uno, que incluían fonemas dificultosos, entonaciones, modulaciones, etc. Sería ideal que este trabajo lo pudiese continuar el resto del profesorado, ya que todos hemos visto que es insuficiente el trabajo en el horario disponible que tiene habitualmente el personal de AL.

Aunque la atención a la diversidad se base en la prevención, y las medidas ordinarias en el grupo de referencia, vamos a encontrar casos que requieran una intensificación de los apoyos. En estos casos, tanto la investigación educativa, como las tendencias europeas, apuntan al modelo de *respuesta a la intervención(RTI)* (Thuneberg y cols., 2013). Este modelo es mayoritariamente empleado, siempre con éxito, en algunos de los sistemas educativos más avanzados en cuanto a la inclusión educativa, por ejemplo, en Finlandia. En España también se han llevado a cabo experiencias interesantes, como la de Murcia Asensio (2021) en el equipo específico de Grado (Asturias), con un alto nivel de satisfacción por parte del profesorado participante.

Siguiendo el modelo, la primera fase de la intervención consistiría en una respuesta igual para todo el alumnado, basado en los mismos principios que se proponen desde el diseño universal (Elizondo Carmona, 2022), de los que hablé en la sección 4.3 (página 53). Cuando la evaluación no resulta positiva, se probaría la segunda fase, que consiste en grupos de *intensificación* en aquellos casos que se observan dificultades para las que no es suficiente la atención *ordinaria*. Si esta segunda fase no diese resultados, se pasaría a la tercera, de *atención individualizada*. Nuestra normativa es compatible con este modelo, ya que indica que las medidas extraordinarias no se deben adoptar sin agotar antes las ordinarias.

El modelo funciona con éxito en muchos sistemas educativos, pero también tiene críticas. En algunos casos resulta en que el profesorado no especialista en atención a la diversidad considera que sólo es responsable del primer nivel de intervención. También se han criticado los términos que se utilizan habitualmente en las implementaciones del modelo. Además, los tres niveles de intervención están fundamentados en el modo de agrupación: gran grupo, pequeños grupos, individual. Para alcanzar una educación inclusiva no se debería *institucionalizar* la segregación por capacidad.

Se presenta aquí la propuesta de utilizar el modelo únicamente como referencia estructural. Se aprovechan las ideas de los niveles de apoyo, porque ofrecen un sistema claro para decidir cómo se asignan los apoyos a cada aula. Así, el **nivel 1** define la situación de aula ordinaria, con el profesorado tutor y de áreas. El **nivel 2** correspondería a los apoyos no específicos, ofrecidos por cualquier miembro del equipo con horario disponible. Por último, en el **nivel 3** intervendrían los apoyos específicos ofrecidos por el profesorado especialista en apoyos a la inclusión. En los niveles 2 y 3, los apoyos no pueden ser vistos como las clásicas intervenciones centradas en el déficit. Más bien como la incorporación de nuevas propuestas didácticas para dar respuesta a las barreras detectadas. Además, el modelo RTI nos ofrece la idea esencial de que toda intervención tiene que fundamentarse en unos objetivos claros y concretos y en la evaluación de estos.

Aunque tradicionalmente la evaluación y la intervención

eran procesos independientes, en un sistema inclusivo están estrechamente ligados. Para nuestra propuesta nos hemos fijado en el modelo de pirámide RTI. Aunque el modelo original describe muy bien cómo puede funcionar la intensificación del apoyo tras la evaluación formativa, está muy enfocado a intervenir en las dificultades, en lugar de los contextos. Además, los niveles se definen por el tipo de agrupaciones. Un modelo inclusivo debe estar orientado a detectar barreras al aprendizaje, proponer estrategias que conduzcan a eliminarlas eventualmente y estas estrategias deben estar fundamentadas en experiencias educativas en las que todos y todas puedan participar independientemente de sus fortalezas o intereses.

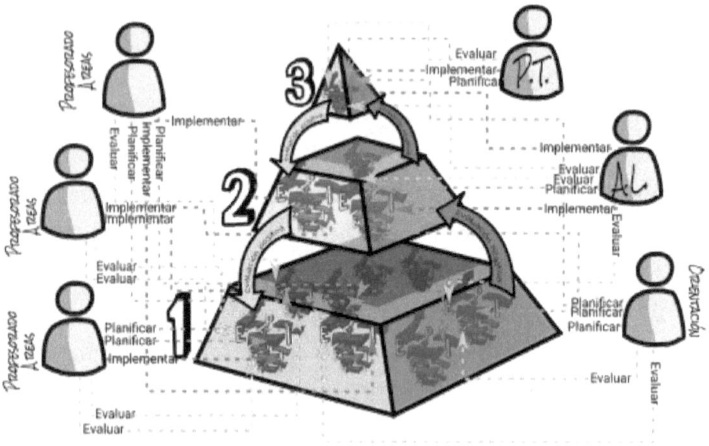

Figura 8.1: El modelo RTI

La figura 8.1 representa la interacción de los distintos elementos. Las espirales dentro de la pirámide representan los ciclos *PIE+1* (planificación-intervención-evaluación), explicados en la sección 1.2 (página 14). En el nivel 1 se encuentran, indistintamente las programaciones de aula y los programas específicos de intervención, que pueden ser ajustes a estas programaciones o unidades independientes (un taller de mediación, por ejemplo). Cuando la evaluación sea negativa, es decir, no se progresa en la espiral, se toma una decisión, que puede ser replantear los ajustes, o subir al nivel 2 de la pirámide, donde se asignan apoyos no específicos. Si la evaluación sigue siendo negativa se puede subir al nivel 3, donde se programan apoyos específicos. En cuanto la espiral progresa, se vuelve a bajar de nivel. Lo ideal es que todos los programas se desarrollen en el nivel 1 y 2. Las flechas representan las acciones de cada miembro del equipo, en cuanto a planificación, intervención y evaluación.

La espiral, al principio contiene la intervención del docente, en la planificación, intervención y evaluación, pero el objetivo es que a medida que se perfecciona, el alumno es autónomo. Lo ideal es que sea capaz por su cuenta de aportar los +1. Por lo menos cada alumno debería desenvolverse sólo en alguna de las experiencias de aprendizaje que están representadas por las espirales. Como decía Dewey, estas experiencias no suplen a las experiencias reales, sólo inician el proceso de aprendizaje que va a continuar la persona por sí misma. Los programas de intervención pueden ser simples ajustes en el ciclo de una de las experiencias o pueden ser experiencias completas.

Lo ideal es que las experiencias (espirales) *vivan* en el nivel 1, pero pueden subir y bajar para conseguir que se mantengan en movimiento. Es con estas experiencias de aprendizaje como se tallan las llaves de las competencias, según el modelo de la figura 8.2, que elaboré para representar de manera gráfica en qué consisten (González Gándara, 2019b). En esta imagen, las competencias serían las llaves que nos permitan abrir las puertas que la vida nos va presentando. El sistema educativo las pule

Figura 8.2: Las competencias básicas

para que las puertas se abran con más facilidad. Mantener como horizonte esa idea de las llaves es la que nos permite decidir por qué unas experiencias y no otras, así como el contenido de estas.

La diferencia fundamental con los modelos segregadores es que en el nivel 3, los apoyos se producen en el aula, con el objeto de lograr que funcionen los ajustes del contexto programados entre todos. A continuación se presentan algunos ejemplos de estas intervenciones del nivel 3.

8.1. Algunos ejemplos de propuestas para programas de intervención

La elaboración de programas de intervención [2] corresponde típicamente al profesorado especialista en atención a la diversidad. Sin embargo, desde mi punto de vista, las personas responsables de orientación deberían ofrecer una propuesta inicial. Esto ayudaría a enfocar la atención a la diversidad desde el punto de vista inclusivo, ya que la propia idea de que los programas específicos vayan por una vía diferente a la programación de aula ya suena bastante mal. Aunque como se comentaba para el informe psicopedagógico, la mera existencia de los programas puede parecer poco inclusiva, si estos se entienden como la planificación sistemática de los apoyos que se explicaban en el apartado anterior, son necesarios.

Si queremos conseguir que las propuestas para los programas de intervención puedan servir a esa función de poner unos buenos cimientos a las estrategias educativas más específicas, podrían tener las siguientes características:

- Definir el tipo de barreras para el que se diseñan. Esto ya supone una gran diferencia con los programas tradicionales, que se diseñan con una sola persona en mente. Con este diseño podemos llegar a todo el **alumnado en riesgo de experimentar estas barreras al aprendizaje y la participación**. Esta denominación me parece mucho más interesante que la actual, basada en las etiquetas. Es importante recordar que estas barreras pueden estar o no ahí. En muchas ocasiones podemos llegar a la conclusión de que lo que ya está haciendo el profesorado evita la exis-

---

[2] Les llamo así porque es el nombre que se recoge en la normativa gallega

tencia de esas barreras. Es esencial que las barreras estén definidas según el contexto, y no según el alumnado. Por ejemplo, una barrera puede ser: "las actividades de aula no ofrecen una flexibilidad de opciones suficientes para que parte del alumnado consiga la motivación suficiente para prestarles la atención necesaria". Tradicionalmente, esta barrera se hubiese redactado así: "Dificultades en la atención sostenida".

- Expresar los objetivos del programa. Para esto se puede seguir, por ejemplo, el método *SMART*: specific, measurable, achievable, relevant, timely. Por ejemplo: "antes del final del curso se conseguirá una atención sostenida en las tareas de aula de por lo menos un 50 % más de duración".

- Explicar la metodología a seguir. Esta metodología debe fundamentarse en principios inclusivos, idealmente de diseño universal (sección 4.3, página 53). También debe estar informada por la evidencia de la investigación educativa. Aunque yo he incluido las referencias bibliográficas, es cierto que esto puede hacer los programas más farragosos para el profesorado. Quizá sean recomendables sólo cuando observemos que nuestras propuestas no tienen tendencia a ser bien recibidas.

- Establecer cuáles son las evidencias que hay que recoger para poder comprobar los resultados. Es necesario también indicar qué instrumentos permitirán recoger esas evidencias.

En los apéndices, al final del libro, encontrarás algunos ejemplos de cómo se podrían redactar las propuestas de orientación para la elaboración de los programas. Aunque se han retirado los códigos del alumnado (suelo utilizar códigos numéricos en lugar de los nombres), estos ejemplos son reales. Hay muchos aspectos mejorables que vamos descubriendo mediante la evaluación formativa. A partir de las barreras que se detectan, se van creando los programas. Se registra cuál es el alumnado en el que se ha detectado un especial riesgo de experimentar barreras para dirigir mejor las observaciones que nos permiten evaluar el éxito de las estrategias diseñadas. Es importante que los programas sean lo más simples que se pueda, para que todos los miembros del equipo los interioricen con facilidad y los apliquen en sus aulas. El diseño propuesto incluye unos objetivos muy claros —como se decía, por ejemplo, según el modelo *SMART*—, las estrategias propuestas, y las evidencias que es necesario recoger para verificar los objetivos, con una propuesta de instrumentos para recogerlas.

Las figuras 8.3 y 8.4 vuelven a mostrar el contraste entre el modelo tradional, basado en una perspectiva clínica-rehabilitadora, y el modelo inclusivo. A las figuras del capítulo 1 (página 9) se han añadido los programas de intervención y los informes psicopedagógicos. El flujo del sistema tradicional ralentiza las *intervenciones*, que sólo llegan a unos pocos, mientras que en el modelo inclusivo, la actividad del aula fluye con apoyos para todo el alumnado desde el principio. Programas e informes no son ningún requisito para realizar ajustes que aseguren la atención a la diversidad. Su elaboración es paralela al trabajo colaborativo de todo el equipo docente en el aula.

Como se puede observar en el apéndice B (página 148), el primer programa presentado se corresponde con algunas de las estrategias que se indicaban en el ejemplo de informe psicopedagógico (apéndice A, página 139). Se refiere sólo a un aspecto

Figura 8.3: Los programas en el modelo tradicional

concreto, centrándose en una de las barreras al aprendizaje. Esto facilita que el programa favorezca a un mayor número de alumnos y alumnas, mientras que si fuese más específico (figura 8.3) no sería así. De esta manera, un sólo programa afectará a varios alumnos y alumnas, y un alumno concreto podría estar *asignado* a varios programas. Con esto se refuerza el carácter inclusivo de los programas, que estarán destinados a los contextos, y no al alumnado concreto (figura 8.4). De esta manera se da también una vuelta al concepto de vincular a los especialistas de PT y AL a alumnado específico. En esta propuesta, se asignan a los programas. Esto tiene muchas ventajas:

- PT y AL trabajan en todos los grupos, no sólo en aquellos con alumnado etiquetado, permitiéndonos así que las etiquetas de NEAE no sean un requisito para la organización del centro, y las limitemos sólo a las estadísticas de la administración. Acabamos también con las dichosas *altas*, y

Figura 8.4: Los programas en el modelo inclusivo

con los comentarios como: "este es de PT".

- Podemos hacer el horario según los grupos (programas), y no según los alumnos, cortando de raíz muchas fuentes de conflicto, donde el profesorado se pelea por conseguir más horas de PT y AL.

- Los programas son mucho más reciclables de un año para otro, con lo cual evitamos mucha burocracia. Al no estar asignados de manera personal evitamos también la incongruencia de la confidencialidad (los programas de intervención no se consideran confidenciales en la legislación, aunque tradicionalmente contienen muchos datos protegidos).

- Al no partir de la idea de PT/AL→ alumnado, algunos programas pueden ser llevados a cabo por el profesorado de área, que en el otro sistema formaba parte de una especie de sistema paralelo. Ahora todo el equipo trabaja coordinado.

8.2. Listado de posibles barreras

Las barreras al aprendizaje surgen en los contextos, por lo que en cada situación van a aparecer unas barreras que pueden ser totalmente diferentes de las de otra situación. Los ejemplos que aquí se ofrecen han surgido, hasta el momento, en la experiencia de una zona educativa concreta. Seguramente en el futuro surgirán otras diferentes. Lo que se quiere ilustrar es cómo siempre se intenta que estas estén planteadas desde el punto de vista del contexto, nunca del alumnado.

- Actividades en el aula que no proporcionan suficientes opciones para dar respuesta a diferentes tipos de competencia.

- Actividades en el aula que no proporcionan suficientes opciones para dar respuesta a diferentes maneras de motivarse.

- Entorno del aula que ofrece una estructura con una complejidad que no permite aproximarse desde diferentes niveles de competencia en las funciones ejecutivas del alumnado.

- Los patrones de comunicación y las tareas del aula no aportan suficientes opciones para la diversidad en la competencia comunicativa del alumnado.

- Los recursos comunicativos del profesorado y del alumnado no son suficientes para responder a las necesidades comunicativas de todo el alumnado.

- Situaciones con estímulos muy variados, ruidos fuertes, poca estructura, etc.

- Las actividades del aula exigen un nivel de autonomía demasiado alto para dar respuesta a todo el alumnado.

- Situaciones que puedan crear ansiedad para comunicarse y potenciar faltas de fluidez o tartamudeo.

- El entorno no proporciona estímulos suficientes para desarrollar los procesos cognitivos básicos de todo el alumnado.

- La organización del aula exige una autonomía personal demasiado alta para dar respuesta a la competencia de todo el alumnado.

- Dinámicas sociales entre iguales que no facilitan la convivencia y el desarrollo de la competencia social de todo el alumnado.

- Situaciones sociales que exigen un control de la conducta que no responde a la competencia de todo el alumnado.

- La organización del aula exige períodos de tranquilidad muy prolongados.

- La organización del centro dificulta que el alumnado pueda encontrar con quién, cuándo o dónde hablar con una persona adulta sobre posibles situaciones de abuso.

Capítulo 9

Pero si tenemos pizarras digitales en cada aula...

Otra reacción recurrente, tras plantear alguna propuesta diferente de las habituales horas de PT, o adaptaciones curriculares, es quejarse de que faltan recursos, o formación, o que las ratios son demasiado altas. Todo esto es verdad: la educación se puede mejorar con cualquiera de estas medidas.

Pero también puede suceder que se quede exactamente como estaba. De hecho, esto último es mucho más común de lo que pueda parecer. La frase que da nombre a este título es un ejemplo de ello. Hace unos años que comenzó la *revolución digital* de las aulas en Galicia. En no mucho tiempo, todo el mundo tenía una pizarra digital en su aula. Esta fue una inversión mucho más grande de los que pueda parecer. Además del precio de la propia pizarra, se adquirieron proyectores de gama muy alta. Y mucha de la gente que las había pedido las usaba simplemente como pantalla, para lo que se podían haber usado sábanas, o una simple pared. Sería como tener un Ferrari pero usarlo a modo de carro, tirado por vacas. Nuestro Ferrari es el alumnado, que puede funcionar con alto rendimiento si lo alimentamos con gasolina, pero en vez de dársela —mediante la motivación que genera darle experiencias de su interés—, le ponemos una vacas, cuando le damos las mismas tareas repetitivas incidiendo una y otra vez en sus áreas de mejora en lugar de hacerlo en sus fortalezas.

He visto suceder esto mismo con cámaras de fotos profesionales que se usan únicamente en modo automático para sacar las fotos de los festivales —que por supuesto son tomadas por el profesorado—, o estudios de radio completos, con mesa de mezcla micrófonos e insonorización que también usan sólo los profesores. Por no mencionar esas aulas equipadas con un equipo portátil para cada alumna y alumna, que se usan para jugar cuando han terminado las actividades de clase.

Otro ejemplo de esto sucede con las aulas virtuales. Disponen de una enorme cantidad de recursos para mejorar la motivación, la accesibilidad, la disponibilidad de las actividades para responder a ritmos diferentes. Pero terminan usándose como una carpeta en la que poner unos *pdf*. Y también suele suceder con muchas de las formaciones ofrecidas al equipo docente, que asiste a ellas pero sin ninguna intención de aplicar en el aula lo que se presenta. Incluso con la ratio. Entiendo que en ciudades como Madrid mucha gente continúe con la ingenuidad de que reduciendo la ratio todo mejoraría automáticamente. Pero esto no es así. En la mayor parte de los colegios de Galicia tenemos una ratio mucho mejor, pero la atención a la diversidad no mejora en la misma medida. Y en los centros que disponen de más recursos personales, en forma de profesionales especialistas en la diversidad, tampoco sucede siempre que se realice una educación más inclusiva, sino que muchas veces emplean todo ese horario en sesiones individuales.

Pero no sólo sucede con la tecnología. Cualquier recurso que se proporciona tiene que aplicarse sobre una base de formación e intención. Morales Lobo y Fernández Fernández (2022) destacan cómo algunas veces las rúbricas, que son una herramienta para la evaluación formativa, se utilizan simplemente para asignar una calificación numérica. En la línea de la imagen del Ferrari tirado por vacas, ellos lo equiparan a rallar pan con una Thermomix™.

No es raro ver otras situaciones, como centros en los que se quiere *implantar* aprendizaje basado en proyectos, y lo que sucede al final es que se preparan una serie de fichas precocinadas para que el alumnado vaya siguiendo unos pasos determinados y luego queden maravillosamente encuadernadas en un producto final para que las familias vean lo innovadores que somos en el centro. Dando una vuelta más a la metáfora, es como querer sacar un tornillo con unas tijeras.

La conclusión es que antes de proporcionar las herramientas en forma de recursos personales, materiales, formación, etc., es necesario realizar ese gran cambio en la manera en que los equipos docentes miran a la diversidad. Sin este paso previo, lo más probable es que cualquier otra medida no sirve de nada.

Capítulo 10

La teoría me da igual. Mi experiencia me dice...

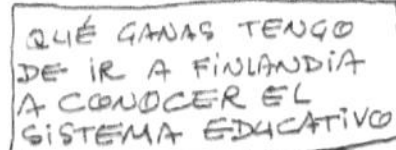

Asesorar al equipo docente puede parecer una función secundaria de las personas responsables de la orientación en un centro, pero en realidad es totalmente esencial. Hoy en día cualquiera puede encontrar estudios educativos en internet, y sobre todo, mucha gente contándonos las conclusiones de estos. Tener un miembro del equipo capaz de analizar esta información y separar el grano de la paja es cada vez más indispensable. De no ser así, corremos algunos riesgos.

Para ilustrar estos riesgos he escogido mi ejemplo preferido: la teoría de las inteligencias múltiples. Ya he hablado antes de lo que yo llamo *Evidenciología*. Es mi manera de referirme a algunas personas que se dedican a la divulgación educativa, cuyo principio esencial es la *educación basada en la evidencia*. Algunas de estas personas dedican casi todo su trabajo a *desmontar mitos*, y uno de los *mitos* frecuentemente desmontado es el de las inteligencias múltiples. Esto viene a responder a una tendencia que se venía observando en las formaciones docentes, libros de textos, etc., a considerar la teoría de las IM como una especie de metodología de aula. Se hizo frecuente que los libros de texto incluyesen una sección llamada así, con actividades descontextualizadas del resto. También se hizo popular tratar de detectar la inteligencia de cada alumno para dar una mejor respuesta educativa.

Pero al tratar de criticar estas tendencias absurdas, la crítica fue creciendo hasta el punto de cuestionar la teoría en sí misma. Y esto no es malo. Las teorías tienen que ser cuestionadas para que el conocimiento avance. Ahora sí, ya llegando al ejemplo que quería mostrar, se ha llegado al punto de escuchar una y otra vez afirmaciones como: "las inteligencias múltiples son pseudociencia, porque no tienen base científica", o aún mejor: "el propio autor ha reconocido públicamente que la teoría está descartada".

Con respecto a la primera afirmación, no sólo la teoría se basa en cientos de estudios experimentales, sino que también hay una gran cantidad de estudios posteriores que la han estudiado. Y no es cierto que todos ellos lleguen a la conclusión de que es falsa.

En cuanto a la segunda, después de debatir con alguna gente al respecto, algunos de ellos simplemente "lo habían oído". Por fin, cuando alguien me pudo dar la referencia concreta, descubrí que ya la conocía, pero no me había parecido para nada que Gardner, el autor de la teoría, dijese que esta era falsa. De hecho, sigue explicándola en sus conferencias a día de hoy.

> Llamé a las categorías resultantes 'inteligencias' en lugar de talentos. Haciendo esto, desafié a esos psicólogos que se creían poseedores de la palabra 'inteligencia' y tenían el monopolio de su definición y medida. Si hubieses escrito sobre los talentos humanos, en lugar de las inteligencias, probablemente no me hubiesen propuesto participar en este libro. (Gardner, 2016)

Puede que sea mi subjetividad, pero en esta frase no consigo ver claro que el autor esté descartando su propia teoría. Además, resulta que la frase está escrita en un artículo del autor, no en la entrevista que habitualmente se cita (Checkley, 1997).

Otro artículo muy citado, a la hora de *desmontar* la teoría de las IM es el de Ferrero (s.f.). Aquí si se plantea el problema que comentaba al principio, sobre el error de la *aplicación* de la teoría al aula, y lo cuestionable de formar al profesorado para esto. La autora deja bien claro que se atribuyen a la teoría algunos principios que no fueron formulados en ella.

En segundo lugar, y en el sentido contrario, varias (y me temo que muy populares) de las propuestas atribuidas al método IM no tienen ninguna evidencia y, más importante aún, pueden llegar a comprometer el aprendizaje de los alumnos al aumentar el número de actividades superficiales y sacrificar partes importantes del currículum.

Es decir, la autora no dice que la teoría sea pseudociencia, aunque he visto en muchas ocasiones citado este artículo para defender esa idea. También cita con precisión el trabajo de Hodge (2005), usado por otra gente como demostración de la refutación de las IM. Pero Ferrero afirma cuando cita ese artículo: "a día de hoy no existe evidencia robusta de que la aplicación del método de IM tenga efectos positivos sobre el aprendizaje de los alumnos". Si nos hubiésemos dejado llevar por las personas que hablaban de su artículo, en lugar de leerlo directamente, perderíamos la oportunidad de obtener información de un artículo excelente como el de Ferrero, y nuestras conclusiones sobre las IM serían muy imprecisas. Descartaríamos la teoría totalmente, en lugar de estar abiertos a encontrar implicaciones interesantes, como la explicada en la sección 2.1 (página 20), donde se muestra la utilidad de la teoría para la fundamentación de la evaluación psicopedagógica.

En otra ocasión, alguien en *Twitter* decía que no se podía considerar como tal, que no era más que una hipótesis. Es una afirmación obviamente dirigida a desacreditar al autor. Demuestra un conocimiento muy superficial de cómo funciona la ciencia. No es cierto que todo gire en torno a los experimentos empíricos. En todas las ciencias, la experimentación es una parte y la teorización es otra. Ambas deben suceder para avanzar.

Las refutaciones no indican un fracaso empírico, como Popper ha enseñado, porque todos los programas crecen en un océano permanente de anomalías. Lo que realmente importa son las predicciones dramáticas, inesperadas, grandiosas (…) Kuhn se equivoca al pensar que las revoluciones científicas son un cambio repentino e irracional de punto de vista. La historia de la ciencia refuta tanto a Popper como a Kuhn; cuando son examinados de cerca, resulta que tanto los experimentos cruciales popperianos como las revoluciones kuhnianas son mitos; lo que sucede normalmente es que los programas de investigación progresivos sustituyen a los regresivos (Lakatos y cols., 1983, p. 15,16)

Quienes hemos dedicado algo de tiempo al ajedrez sabemos esto muy bien. A día de hoy el ajedrez se ha hecho muy científico: la validez de cada variante en la apertura se puede contrastar con ayuda de los ordenadores, que son capaces de calcular millones de jugadas por segundo. Algunos jugadores cometen el error de pensar que una variante está *refutada* porque ningún ordenador ha sido capaz de encontrar el plan correcto para justificar su utilidad práctica. Sin embargo, suelen aparece jugadoras o jugadores brillantes que *resucitan* alguna de estas variantes gracias a una gran idea innovadora que a nadie se le había ocurrido antes. Entonces la variante vuelve al juego hasta que alguien vuelve a refutarla. Pero además, estas variantes refutadas pueden no ser útiles en partidas lentas, donde hay tiempo para pensar, pero a veces resultan muy efectivas en partidas rápidas, para sorprender al rival no preparado. Exactamente como algunas ideas en didáctica: es posible que funcionen en una situación muy particular, aunque en general se consideren *refutadas*.

La ciencia más bien progresa con la construcción y defensa de paradigmas teóricos. Estos se van modificando a medida que se obtienen datos. La falsación en la experiencia de sucesos previstos en el paradigma es común. Estos se van ajustando y protegiendo de la crítica. Es la forma normal de avanzar de la ciencia. Alguien tiene una visión y construye el paradigma, después, se van realizando subhipótesis auxiliares que son las que se pueden verificar.

Las grandes investigaciones, con muestras de miles de sujetos, grupos de control, etc., son útiles para sacar conclusiones como "nunca se han podido encontrar efectos beneficiosos de…", pero no para conclusiones de tipo "esto me va a funcionar". Tampoco siven para descartar una teoría. Los que alegan a la falsabilidad para decir que algunas teorías son pseudociencia (como decíamos de las IM, pero también sucede con los estilos de aprendizaje, o del diseño universal para el aprendizaje), deberían, como mínimo, estudiar el pensamiento de Karl Popper, que es de donde surgió esta idea. Por una parte, la falsabilidad se aplica a las hipótesis, es decir, a las predicciones que se deducen de la teoría, no de la teoría en sí. Además, aunque una teoría no permita que se desprendan hipótesis falsables, se sigue considerando una parte indispensable de la ciencia; según Popper, sería metafísica. Por ejemplo, los que dicen que los estilos de aprendizaje no existen se basan en que no se han encontrado evidencias de que se aprenda más cuando nos proporcionan información en nuestro estilo favorito. Esto es una hipótesis propia del modelo de estilos de aprendizaje VAK, pero no de Kolb (2015), por ejemplo. Afirmando que los estilos de aprendizaje están refutados, puede parecer que la teoría de Kolb no sirve para nada, lo mismo que sucedía con las IM. Falsar una hipótesis sobre los beneficios en el aprendizaje de didáctica basada en las inteligencias múltiples no conduce a invalidar la teoría, sino esas hipótesis, que, por cierto, nunca fueron planteadas por su autor.

Pero además, el pensamiento de Popper tiene muchas críticas. Para los pensadores modernos no explica bien como progresa la ciencia. La relación entre las teorías, las hipótesis y la investigación es mucho más compleja. En el modelo de Khun aparece la idea que comentábamos sobre los paradigmas, y Feyerabend va más allá, con su idea de que la ciencia tiene que prescindir de los métodos (Zanotti, 2014). Hay algunas personas excepcionales, que tienen una visión, como Einstein, y son capaces de ir al final con esa idea. Estos personajes son completamente necesarios para que la ciencia avance. Desgraciadamente, lo que parece actualmente es que se vuelve a la *guerra de paradigmas* de la que habla Fernández Navas y Fuentes Postigo (2020): "la investigación cualitativa se encuentra prácticamente en extinción tanto en el mundo académico como en la percepción social y de los actores educativos".

Me gusta mucho una viñeta del dibujante *Sansón*[1] que muestra a unos arqueólogos excavando mientras unos políticos miran. Aunque los arqueólogos están a punto de encontrar un yacimiento, los políticos dicen: "A ver si se convencen de que aquí no hay nada". En la viñeta se puede apreciar como el hecho de que los arqueólogos no encuentren nada no quiere decir que quien planteara que ahí había restos esté equivocado. Aquí se ilustra muy bien cómo avanza la ciencia. Probablemente el ar-

---

[1]No la incluyo en el libro porque no conseguí ponerme en contacto con el autor para obtener permiso. De todos modos, se puede encontrar con facilidad en Internet.

queólogo que decidió excavar ahí no sea uno de los que se ve en la viñeta, porque si así lo fuese, seguiría excavando a pesar de la opinión pública, representada por los políticos. Los que excavan serían los científicos experimentales, que tienen que escoger entre aceptar la opinión pública o seguir confiando en quien enunció la teoría. Cada uno decide quién de ellos quiere ser. Quien se limita a escribir en blogs que tal teoría es falsa, porque se ha excavado mucho sin encontrar; quien sigue investigando en su aula, excavando, para tratar de confirmar lo que piensa alguien con una teoría interesante; quien piensa, analiza, sintetiza, y enuncia las teorías… Probablemente todos estos roles son necesarios para que la ciencia avance, pero yo personalmente prefiero pertenecer o bien a los que excavan, o a los que hacen las teorías. O quedarme callado.

Otro detalle muy relevante es que en educación encontramos un obstáculo muy importante para la generalización de teorías a partir de grandes investigaciones: el efecto de la variable profesor es demasiado fuerte para poder ser controlada en estudios que no analizan de manera profunda y cualitativa este factor (Johnson, 2017; Blazar, 2017). Para poder comparar con situaciones similares a la nuestra hacen falta pequeños estudios de investigación acción o estudios de caso. Ahí podemos encontrar experiencias realmente significativas que nos puedan ayudar. No podemos sacar conclusiones tipo "se ha demostrado que … funciona", pero sí, "este profesor, con circunstancias parecidas a la mía ha tenido éxito haciendo…". Puede ser interesante probar y aportar un caso más a la investigación. No olvidemos, de todos modos, que tanto esas grandes investigaciones como las más pequeñas, pero a la vez más profundas, son esenciales para avanzar en el pensamiento pedagógico.

La distorsión que puede provocar esta variable *profesor* es enorme, porque no es nada sencillo medir la actuación del profesorado, decidiendo, por ejemplo, quién es buen docente y quién no. Resultaría un poco incoherente tratar la diversidad del alumnado desde un punto de vista en el que valoramos el contexto en su conjunto, y no los tradicionales *déficits*, pero tratar al profesorado como *buenos docentes* y *malos docentes*. En mi opinión tiene mucho más sentido hablar de **Buenas actuaciones docentes**, sobre la idea de que poca gente será siempre *mal docente* y poca gente será siempre *buen docente*. De hecho, sabemos identificar buenas actuaciones docentes, mediante la investigación, pero somos muy malos identificando buenos profesores mediante la observación (Wiliam, 2020). Desde este punto de vista, la manera de mejora la calidad docente es ayudar a los equipos a realizar una mayor cantidad de buenas actuaciones docentes. Esto se logra siguiendo la idea del modelo 1.3 (página 15), es decir, crear un círculo virtuoso en el cual planificamos las actuaciones, las evaluamos y decidimos qué es lo que hay que seguir haciendo y qué es lo que hay que cambiar.

Además de todo esto, mucha de la investigación de la que disponemos compara resultados que pueden no ser los que necesitamos. Por ejemplo, determinar que una acción educativa es exitosa por el nivel de cálculo matemático, puede estar olvidando que la educación también persigue el desarrollo de la autonomía, de la competencia emocional, etc. En el caso de la inclusión, se olvida totalmente que se trata de un tema de Derechos Humanos, no de rendimiento académico.

Ahora bien, el lector debe tener en cuenta que después de este proceso de información para asesorar a nuestros equipos, llega el momento de conseguir que nos respeten como fuente de información viable. De ahí el título de este capítulo. A veces es complicado hacer ver a alguien que lo que está haciendo no es la única alternativa. Aunque los humanos tengamos la sensación de que percibimos la realidad, esto no es así, nuestro cerebro realiza una interpretación basada en una serie de patrones que hemos ido adquiriendo durante nuestra vida. Esto se aprecia muy bien en el ámbito de lo visual. La figura 10.1 muestra un tablero de damas donde las casilla *A* y *B* nos parecen de colores diferentes, cuando en realidad son idénticas. Esto se debe al patrón *tablero de damas*, que es lo que nuestro cerebro interpreta.

Figura 10.1: Nuestro cerebro nos engaña

Como decíamos, no es sencillo decirle a alguien que se equivoca y mantener una buena relación de colaboración. Además, puede ser que lo que estén haciendo funcione muy bien, pero sólo para una parte del alumnado. Cuando nos piden ayuda, esperan que ofrezcamos una recetita simple que añadan sin esfuerzo a lo que ya hacen, pero esto no siempre puede ser tan simple. Ellos están levantando un muro, y lo saben hacer bien, ponen los ladrillos rectos, colocan bien la plomada, etc.; pero pensemos que ahora, la diversidad nos obliga a instalar una nueva instalación de fibra óptica en ese muro. Si no hemos dejado los tubos instalados, va a ser muy complicado. Y no va a quedar igual de bien. Poner los tubos desde el principio se parecería a lo que plantea el diseño universal (sección 4.3, página 53). Habitualmente encuentro compañeros y compañeras que lo que desean es unas *pautas* que puedan seguir sin más, pero no se puede alcanzar una educación de calidad con esta mentalidad. Alguien nos puede ayudar a orientarnos, pero el trabajo duro debe ser de cada uno. Por eso, aunque la palabra *pauta* no tiene en principio nada de malo, le he cogido algo de manía a raíz de escuchar una y otra vez, después de haber intentado diseñar una propuesta didáctica: "si me dieses unas pautas…". No se puede dar una lista de instrucciones para seguir sin más y que de repente todo el alumnado aprenda. La famosa analecta de Confucio lo explica muy bien. Yo te puedo construir una de las esquinas, pero tú debes completas las otras tres.

> El maestro dijo: "Si un estudiante no tiene entusiasmo, no le enseñaré; si no lucha por la verdad, no se la revelaré. Si construyo una esquina y puede completar las otras tres, no lo volveré a hacer." (Eno, 2015, p. 30)

En muchas ocasiones nos encontraremos aportando información que nos ha costado muchísimo trabajo conseguir, pero sistemáticamente es rechazada, y observamos que se sigue haciendo lo mismo una y otra vez aunque no funcione. Pero no debemos rendirnos. Esta es una de las tareas más ingratas del trabajo en orientación, y que requiere una gran persistencia. Puede aliviarnos un poco buscar la manera de formar redes de colaboración con otras personas que se encuentran en la misma lucha. Pero sobre este tema hablaré más en profundidad en la sección 12.2 (página 131).

Capítulo 11

Las familias, cuanto más lejos…mejor

He oído esta frase demasiadas veces, cuando en realidad, crear una comunidad educativa cohesionada es casi una necesidad ética. ¿Cómo no vamos a contar con las familias y el alumnado para tomar decisiones en el centro? Si realmente deseamos conseguir una educación inclusiva en nuestro centro es una condición necesaria. Lo lógico es que el motor de esta colaboración sea el profesorado. Desgraciadamente, muchos equipos docentes no están de acuerdo con esto, y nos encontraremos, desde los departamentos de orientación, con la responsabilidad de crear los cambios necesarios para que todo esto sea posible. Afortunadamente, contamos con unos buenos materiales de apoyo para esto, como el maravilloso trabajo, ya clásico, de Booth y Ainscow (2002), y más recientemente, y más adaptado a la realidad concreta de España, el libro de Alcántara Guerrero y cols. (2021)

Como decíamos antes, es muy difícil conseguir *empujar* a los equipos docentes desde modos de trabajo muy segregadores hacia la inclusión. Es necesario ir generando poco a poco un clima de confianza y colaboración y hacer el camino más fácil para todos. Con esta idea en mente diseñé una estrategia de difusión, basada en la idea del camino de Santiago, donde vamos superando las etapas hasta llegar a la meta de la educación inclusiva.

Se creó este póster en el que un caminante se enfrenta a las tres etapas para llegar a la ciudad de la inclusión: Divercity. Santinclusio guiará sus pasos. Cada centro debe analizar en qué punto se encuentra y decidir en equipo cuáles son los pasos que debe dar para conseguir llegar a la siguiente etapa. La referencia de las prácticas inclusivas es el "Index for Inclusion" que mencionaba más arriba (Booth y Ainscow, 2002). Siempre con el objetivo de la difusión a toda la comunidad educativa en mente, se escogieron los siguientes criterios para superar la fase 1:

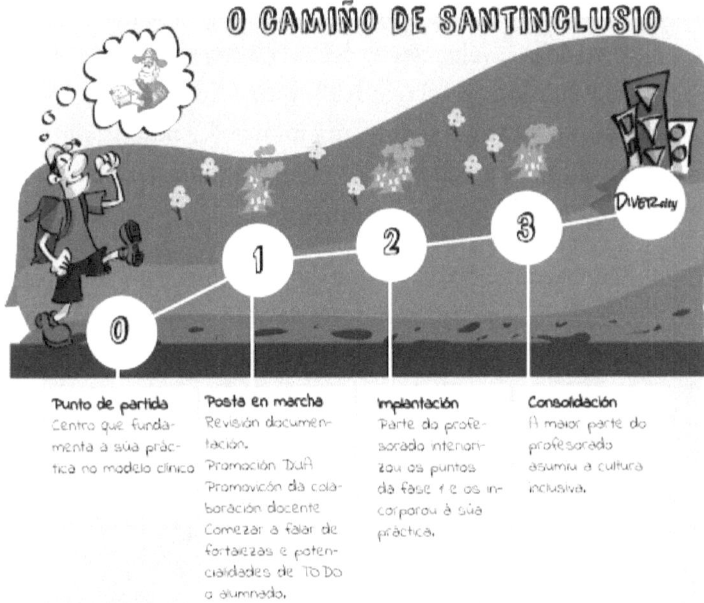

Figura 11.1: Proyecto inclusivo de centro

- El equipo funciona colaborativamente. Sobre todo en cuanto que no entienden la acción *habitual* del aula como algo separado de la acciones del personal de orientación, pedagogía terapéutica y audición y lenguaje.

- Existen expectativas altas para todo el alumnado. Todos son valorados por igual.

- El equipo es consciente de las barreras al aprendizaje.

- La programación didáctica se hace con todo el alumnado en mente.

- Se potencia el aprendizaje cooperativo.

- El proceso de evaluación psicopedagógica se integra en el resto de las evaluaciones del aula, para todo el alumnado, colaborando con el resto del equipo docente, y las estrategias educativas se fundamentan en las potencialidades del alumnado y en las barreras al aprendizaje, en lugar de enfatizar déficits e intervenciones.

- El departamento de orientación funciona como un grupo colegiado, con representantes de todo el equipo docente, y no se limita a los profesionales de orientación, pedagogía terapéutica y audición y lenguaje.

- La comunidad educativa participa de la cultura de la inclusión, es informada de los planes y se cuenta con su colaboración en los procesos de evaluación.

Una vez creada una comunidad educativa colaborativa, es imprescindible tejer también una red de cuidado emocional, que es otra importante función de orientación de lo que no hemos hablado mucho. El alumnado y las familias deben sentirse escuchados. Una manera muy buena de conseguir esto es la creación de un protocolo de comunicación con las familias que nos asegure que siempre disponen de un punto de contacto para expresar sus inquietudes. En este sentido, Morales Lobo (s.f.) propone la idea de que cada docente del centro se encarga de un número de familias, a las que llama con regularidad. La figura 11.2 ilustra su funcionamiento. Si bien esta idea se creó con la idea del confinamiento de 2020 por motivo de la pandemia por COVID-19, en mi opinión podría mantenerse en cualquier tipo de situación, en todo caso incrementando la frecuencia de los contactos en situaciones como aquella.

Figura 11.2: Protocolo para el cuidado emocional de las familias

Parte IV

Más allá del centro

Capítulo 12

Yo pensaba así, pero en este centro no hay manera

12.1. Proyectos entre centros

Toda colaboración nos empuja a una mayor motivación en nuestros proyectos. Además, dar el paso de publicar las actividades e incluso presentarlas a premios nos permite salir de nuestro entorno diario cuando estamos en un equipo que no tenga demasiada inclinación a la innovación educativa. Es recomendable potenciar la creación de proyectos en los que se colabore, por ejemplo, con otros centros educativos del entorno. Esto se puede llevar a cabo a través de los centros de formación de profesorado, aunque tampoco es necesario.

Una posibilidad muy interesante es la participación en proyectos internacionales, a través de la plataforma *eTwinning*. En ella se hace muy fácil contactar con otras aulas de características similares, con intereses comunes. Además, se trata de una plataforma amparada por la Unión Europea, donde todas las identidades están confirmadas por escrito con los centros educativos, por lo que se trata de un entorno especialmente seguro.

Los últimos años he estado participando en proyectos relacionados con el ajedrez, donde el alumnado de mi centro puede contactar con alumnado de otros países, conectarse por videoconferencia para saludar, jugar partidas y torneos, crear materiales colaborativos, etc (González Gándara, 2021b). Al tratarse de proyectos internacionales, suele ser necesario utilizar el inglés. Esto no debería ser un problema para el alumnado, porque todos cursan la asignatura de lengua extranjera. En el caso del profesorado, siempre se puede colaborar con las personas especialistas en idiomas.

12.2.   Redes de colaboración

El trabajo en el despacho de orientación puede llegar a volverse una actividad muy solitaria en numerosas ocasiones. Por ello, es importante buscar apoyos. Algunas veces es mejor organizar grupos informales de colaboración que organizar actividades más formales de formación. Aunque es cierto que la formación debe tener algún tipo de incentivo, esto puede ser contraproducente. Alguna gente se apuntará a la formación únicamente por estos incentivos, y puede llegar a ser difícil avanzar en una actividad cuando un número de participantes no tiene un interés real en sacarla adelante.

Aconsejo al lector que vaya generando un grupo de personas con las que puede compartir sus inquietudes. Puede ser complicado encontrar centros cercanos donde la orientación esté planteada de manera inclusiva, por lo que podría ser incluso contraproducente apoyarse en esas personas. Cuando no podamos encontrar a nadie en nuestro entorno, lo más simple es buscarlo en el llamado *#Claustrovirtual*, nacido de la interacción de las personas interesadas en la educación en las redes sociales, principalmente en *#Twitter*.

También es recomendable asistir a congresos de educación, donde podremos conocer a otras personas con intereses similares. En este caso, es buena idea presentar una comunicación o póster, lo que facilita mucho que las otras personas se acerquen a nosotros.

Por último, también se puede establecer contacto con familias que no pertenezcan a la comunidad educativa. En mi caso ha resultado muy enriquecedor seguir la serie de vídeos "La habitación de Lucía", donde Jurado (s.f.) organiza charlas con familias que han experimentado la segregación en los centros docentes.

Capítulo 13

Te tienen que hacer un informe en el colegio

El departamento de orientación supone un enlace entre tres ámbitos: educativo, sanitario y de servicios sociales. En un mundo ideal, no tendría por qué recaer todo el peso de la coordinación en la orientación de los centros educativos, pero en muchos casos será lo que encontremos. Incluso es posible que nunca lleguemos a contar con una persona de contacto en los servicios sociales. Muchos ayuntamientos no tienen personal específicamente dedicado a la educación social, que sería el contacto lógico para nosotros. Sí suelen contar con personal de trabajo social, y algunas veces las personas encargadas colaboran muy activamente con el centro educativo, pero no es lo más frecuente.

Igualmente, dependiendo de las personas responsables en el centro de salud, podría ser que no tengamos la posibilidad de crear una vía de comunicación. Pero aún así, debemos intentar mantener siempre una actitud colaboradora y ponernos en contacto de vez en cuando. Como mínimo para asegurarnos que si aparece alguna persona dispuesta a colaborar, sepa que estamos ahí.

Aparte de la colaboración con ayuntamientos y servicios de salud, algunos territorios, entre ellos Galicia, disponen de los equipos de orientación específicos (Castro, 2012), donde podemos encontrar especialistas en algunas áreas que complementan el trabajo en los centros. La colaboración con estos equipos puede, en algunas ocasiones, ayudarnos en algunas situaciones donde esa especialización resulte particularmente relevante. Sin embargo, toda la idea de contar con este tipo de especialistas está muy vinculada a la idea del modelo clínico-rehabilitador. Y de hecho, muchas de las personas que trabajan en los equipos específicos, no todas, trabajan según este modelo. Por este motivo puede ser que esta colaboración no resulte de utilidad, o incluso, puede ser una fuente de creación de barreras al aprendizaje y la

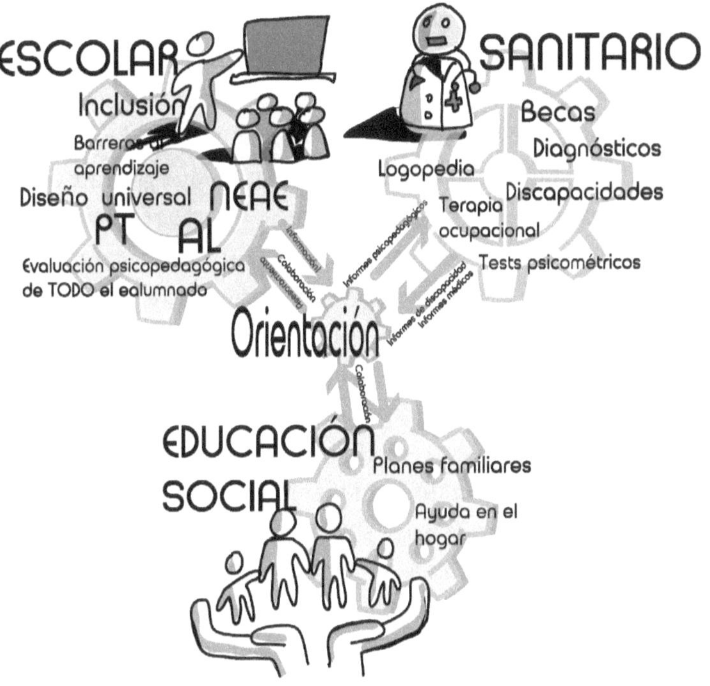

Figura 13.1: Orientación como punto de enlace

participación.

No olvidemos que también es conveniente mantener una buena relación de colaboración con entidades privadas, como clínicas, gabinetes psicopedagógicos, etc. Si bien es cierto que en estos casos debemos ser muy cuidadosos en cuanto a la protección de datos de las familias, cualquier tipo de diagnóstico que provenga de ellos debe ser igual de válido que el que provenga de servicios públicos. Sin embargo, he detectado que desde algunos servicios de inspección se recomienda que no se tengan en cuenta. Esta postura no se sostiene legalmente.

Es aquí donde surge una situación en la que se nos plantea que realicemos una función de *facilitación* del diagnóstico a los servicios de salud. En muchos casos se espera que enviemos baterías de pruebas psicométricas y comentarios sobre los criterios diagnósticos de los manuales de salud. Mucha gente opina, y yo también, que cuando hacemos esto estamos cometiendo el delito de intrusismo profesional. En España están delimitadas las profesiones del ámbito sanitario, y orientador educativo no es una de ellas. Mi experiencia personal me ha enseñado que en el sistema judicial nada es evidente, y un mismo tema puede dar resultados judiciales diferentes dependiendo de variables como los abogados, los jueces, etc. En todo caso, que seamos la pieza que hace engranar los diferentes servicios no quiere decir que tengamos también que hacer su trabajo. Puede que los servicios sanitarios estén saturados, pero no por ello podemos sacrificar el tiempo que debemos dedicar a la atención a la diversidad en nuestros centros para facilitar el trabajo de otros profesionales. No tiene sentido dedicar tiempo en facilitar un diagnóstico que ni siquiera es necesario para fundamentar las propuestas educativas con menor probabilidad de barreras al aprendizaje.

Otra situación muy frecuente es la que yo llamo *el chantaje del terrorista*. Lo llamo así por las situaciones donde los terroristas amenazan matar a alguien si no se cumplen unas condiciones. En caso de no satisfacerlas, ejecutan el asesinato pero descargan la responsabilidad en quienes no cumplieron sus condiciones. Esto mismo pasa cuando nos dicen que alguien no va a recibir una beca educativa, por ejemplo, si no aportamos un diagnóstico. Lo que aquí está pasando es que la administración no cubre las necesidades de recursos que tienen los centros, obligando a las familias a pedir ayudas individualmente para acudir a servicios privados. Es la propia administración la que pone las condiciones, pero nos quieren hacer responsables de que la familia no reciba la ayuda. Esto mismo sucede en algunos territorios para asignar profesorado de apoyo a los centros. Explicaba en la sección 2.4 (página 26) la justificación que yo he construido para permitir que las familias puedan acceder a este tipo de recursos, sin desviarme demasiado de las líneas rojas expuestas en dicha sección.

Por último, voy a referirme a la inspección educativa. Dependiendo del territorio donde trabajemos, encontraremos algunos procesos que requerirán la aprobación de inspección. Esto no suele ser un problema, ya que en los casos que yo he encontrado, suelen confiar en el criterio de los departamentos de orientación y, en todo caso, de los equipos específicos. Pero es necesario tener en cuenta que cuando planteamos nuestro trabajo de una manera inclusiva, podemos llegar a tener algún que otro encontronazo con inspección, o, en su caso, con los equipo específicos. Sobre todo cuando no entremos mucho en la dinámica del enfoque clínico en cuanto a etiquetar, emitir informes, etc. En estos casos vamos a tener que decidir hasta dónde estamos dispuestos a llegar para luchar por un modelo más inclusivo. Podemos aplicar un principio similar a la situación del cubo y el pozo que planteaba también en la sección 2.4 (página 26).

Apéndice A

Ejemplo de informe psicopedagógico

DEPARTAMENTO DE ORIENTACIÓN
C.E.I.P. XXXXXXXX XXXXXXXX
XXXXXXXXX XXXXX s/n - XXXXX XXXXXXXXX Tlf.: XXXXXXXXX
e-mail: ceip.xxxxxxxx.xxxxxx@edu.xunta.es web: www.edu.xunta.es/centros/ceipxxxxxxxxxx

INFORME PSICOPEDAGÓXICO

Nome: XXXXXX XXXXXXX, XXXXXX   **Curso:** Cuarto
Centro: CEIP XXXXXX XXXXXXXXXX   **Data de nacemento:** XX-XX-XXXX

Repetiu: **NEAE:** Trastorno de atención ou aprendizaxe   **ACS:**
Sesións AL: 0   **Apoio na aula:** 0   **Fóra da aula:** 0

1. MOTIVO

Este informe se emite en respuesta a la demanda de la familia.

2. DESARROLLO GENERAL

2.1 Datos relevantes de los ámbitos físico, cognitivo, emocional y social y circunstancias personales y familiares de interés

El alumno está experimentando muchas dificultades para llevar a cabo con un suficiente nivel de autonomía las actividades que se le piden, tanto en casa como en el aula. En algunas ocasiones se observan signos de cansancio por las mañanas, o falta de energía, que podrían estar causados por algún problema de sueño o alimentación.

2.2 Historia Escolar y medidas adoptadas

El alumno estuvo escolarizado en este centro desde el inicio del segundo ciclo de infantil. Actualmente cursa el cuarto nivel de educación primaria. Las dificultades encontradas hasta el momento no han impedido gravemente el desarrollo de las competencias, por lo que los pasados cursos se abordaron con medidas ordinarias.

2.3 Competencia curricular y grado de adquisición de las competencias. Actitud ante el trabajo.

La competencia curricular, en general, es la que corresponde para el nivel que está cursando, aunque a medida que avanzan los cursos está encontrando ciertas dificultades para obtener calificaciones positivas en algunas áreas.

2.4 Ritmo y preferencia de aprendizaje, potencialidades, motivación, intereses y actividades preferidas. Aspectos de creatividad e iniciativa personal. Expectativas académicas personales.

Su preferencia de aprendizaje, siguiendo el modelo de aprendizaje experiencias de Kolb (2007), es de tipo acomodador, prefiriendo la experimentación práctica y la experiencia concreta sobre la reflexión y la observación.

2.5 Adaptación socioafectiva, autoconcepto y autoestima

En el ámbito socioafectivo, las dificultades encontradas para ejercer responsabilidades y controlar su conducta están creando un riesgo de daño en su imagen personal, así como en las relaciones con otras personas de su entorno. Esta circunstancia podría afectar a su salud emocional.

3. ASPECTOS RELEVANTES DE LOS PROCESOS DE ENSEÑANZA Y APRENDIZAJE

3.1 Actuaciones que favorecen o dificultan el rendimiento. Características de su grupo clase. Organización de espacios y tiempos en el centro docente y en el aula. Programas del centro en que participa. Interacciones en situaciones educativas.

Tal y como se explicaba más arriba, las actividades más orientadas a la experimentación práctica pueden favorecer al alumno para motivarse y demostrar sus fortalezas. En su grupo clase hay varios compañeros y compañeras que también encuentran dificultades en los procesos de atención, por lo que en algunas ocasiones no favorecen la posibilidad de mejora en este ámbito por parte del alumno.

3.2 Medidas que se están desarrollando. Personas implicadas en la intervención educativa.

Hasta el momento sólo se han aplicado medidas ordinarias de atención a la diversidad.

4. SÍNTESIS DE LA EVALUACIÓN PSICOPEDAGÓXICA

4.1 Procedimientos empleados

En esta sección se incluyen, en cada uno de los procedimientos, las conclusiones a día de hoy, teniendo en cuenta que es un proceso continuo que no se detiene tras este informe.

4.1.1 Entrevistas con la familia

En la entrevista con la familia, para la que se tomó como referencia, para estructurarla, la escala de Conners (1990), se observan problemas en la función ejecutiva en lo que se refiere la la atención y la impulsividad. La familia indica que los problemas observados en la escuela también se dan en casa, en cuanto a la dificultad para concentrarse, y para asumir la responsabilidad de sus tareas. En general, el niño no demuestra autonomía para asumir responsabilidades si no se le encomiendan tareas explicitamente y en el mismo momento.

4.1.2 Entrevistas con el profesorado

El equipo docente coincide en los problemas para concentrarse en las actividades, comprender qué se espera que haga así como a mantener la atención. En algunas clases, especialmente hacia el final de la mañana, y aquellas que implican actividades menos dirigidas, también aparecen muchas dificultades para respetar las normas de convivencia, participando muchas veces en actitudes que perturban el desarrollo de la clase.

4.1.3 Pruebas pedagógicas y observaciones

Para obtener un perfil cognitivo que permita comprender mejor al alumno, se emplearon tareas de evaluación según recomienda Ferrándiz García (2005), siguiendo los modelos del proyecto Spectrum. En el desarrollo de las tareas, presentadas como juegos grupales en los que se deben resolver ciertas situaciones, el alumno volvió a demostrar dificultades para atender durante todo el tiempo que dura el juego. Mostró poca capacidad de inhibición en las respuestas, cometiendo algunos errores por este motivo. Además, no fue capaz de recordar su puntuación. Demostró, por otro lado, capacidad para tomar decisiones estratégicas razonadas y explicarlas.

4.1.4 Trabajos del aula

El análisis de los trabajo de aula evidencia las dificultades para organizarse y seguir las instrucciones que se le dan.

4.2 Perfil competencial

4.2.1 Fortalezas

- Aunque con mucha ayuda, va siendo capaz de realizar los aprendizajes esperados para su edad.

4.2.2 Áreas de mejora

- Funciones ejecutivas: atención, memoria de trabajo, planificación y organización.

5. IDENTIFICACIÓN, DE SER EL CASO, DE LA NECESIDAD ESPECÍFICA DE APOYO EDUCATIVO DE LA ALUMNA O EL ALUMNO

La inclusión como principio del sistema educativo queda establecida en toda nuestra normativa (LOMLOE, decreto 229, orde do 8 de setembro)[1]. Esta inclusión se logra con la detección de las barreras al aprendizaje que encuentra parte del alumnado[2], y la eliminación de éstas. La información recogida en los procesos de evaluación psicopedagógica nos permite identificar las siguientes posibles barreras al aprendizaje:

- Entorno de aula que ofrece una estructura demasiado complicada para la diversidad de las funciones ejecutivas del alumnado.

- Las actividades del aula exigen un nivel de autonomía demasiado alto para dar respuesta a todo el alumnado.

- Situacións sociales que exigen un control de la conducta que no responde a la competencia de todo el alumnado.

Pero además de la identificación de las barreras, la normativa actual, contradiciendo las recomendaciones de la UNESCO[3], también nos obliga a un proceso de etiquetado del alumnado[4] en una determinada categoría. Aunque también se defiende una evaluación psicopedagógica orientada al contexto y no a los déficits del alumnado, por otra parte obliga a ese proceso de etiquetado[5]; únicamente por este motivo, se registra en una determinada categoría en la concreción anual del plan de atención a la diversidad, y en los procesos estadísticos de la Consellería. Dicha categoría figura en la cabecera de este documento.

---

[1] Por ejemplo: Entre los principios y los fines de la educación, se incluye el cumplimiento efectivo de los derechos de la infancia según lo establecido en la Convención sobre los Derechos del Niño de Naciones Unidas, la inclusión educativa y la aplicación de los principios del Diseño universal de aprendizaje (Preámbulo LOMLOE)

[2] 1. Con el fin de hacer efectivo el principio de equidad en el ejercicio del derecho a la educación, las Administraciones públicas desarrollarán acciones dirigidas hacia las personas, grupos, entornos sociales y ámbitos territoriales que se encuentren en situación de vulnerabilidad socioeducativa y cultural con el objetivo de eliminar las barreras que limitan su acceso, presencia, participación o aprendizaje, asegurando con ello los ajustes razonables en función de sus necesidades individuales y prestando el apoyo necesario para fomentar su máximo desarrollo educativo y social, de manera que puedan acceder a una educación inclusiva, en igualdad de condiciones con los demás (Artículo 80 da LOMLOE)

[3] "En teoría, la evaluación psicopedagógica y el dictamen se conciben como herramientas para garantizar la equidad en las decisiones educativas y determinar el ajuste razonable que el estudiante con discapacidad requiere. En la práctica, el sistema se centra en los déficits y las deficiencias del alumno, y resulta en la estigmatización del alumno como no educable en el sistema de educación general. En vez de explorar todas las posibilidades de inclusión del alumno, los diagnósticos impiden que los centros educativos ordinarios proporcionen medidas de apoyo y ajustes razonables." (Informe do Comité sobre os Dereitos das Persoas con Discapacidade da ONU, 17º período de sesións (CRPD/C/17/2))

[4] "Enténdese por avaliación psicopedagóxica, ou psicoeducativa, o proceso sistematizado de recollida, análise e valoración da información relevante do alumnado, do seu contexto escolar, do contorno sociofamiliar e dos elementos que interveñen no proceso de ensino e de aprendizaxe." (artigo 13 da Orde do 8 de setembro de 2021)

[5] "Identificación, de ser o caso, da necesidade específica de apoio educativo da alumna ou do alumno" (artigo 21 da orde do 8 de setembro de 2021)

6. PROPUESTAS DE RECURSOS Y MEDIDAS DE ATENCIÓN A LA DIVERSIDAD. ORIENTACIONES PARA LA INTERVENCIÓN EDUCATIVA

6.1 Objetivos

- Mejorar la capacidad de concentración y de atención sostenida.

- Mejorar la memoria de trabajo.

- Mejorar las estrategias de organización del trabajo.

6.2 Estrategias el el aula

Se recomienda la incorporación, en las actividades del aula de tareas de entrenamiento de las funciones ejecutivas con la mayor frecuencia posible. El éxito de este tipo de estrategias ha demostrado en las investigaciones, por ejemplo en la de Hovik et al. (2013), donde las actividades se realizaban en el ordenador. Estas actividades pueden consistir, por ejemplo, en rutinas de tipo "Stroop", y se pueden realizar, bien con tarjetas físicas, o con el ordenador, dependiendo de la disponibilidad de estos. También sería interesante incorporar descansos activos, con la colaboración de otros maestros del centro, estableciendo momentos, en los cambios de clase, en los que se baja al patio o al gimnasio a hacer actividades que ayuden a descargar energía. Existen evidencias de este tipo de medidas, como las aportadas por Harvey et al. (2009).

Las estrategias para potenciar la autonomía del alumnado, en aquellos casos en los que no se observa un desarrollo de esta competencia satisfactorio, exigen que el equipo docente y las familias actúen de manera coordinada. El modelo MITAA, de Casado et al. (2019) aporta un buen fundamento desde las evidencias científicas para plantear nuestra actuación educativa. Por una parte, se recomienda poner en marcha el uso de planes de trabajo, que sean responsabilidad del alumnado. Su diseño puede variar, pero en ellos se reflejarán las tareas que se espera que realicen. Es recomendable que el alumnado tenga opciones, de manera que se puedan aplicar los principios del diseño universal. Por otra parte, un trabajo organizado en cualquier tipo de rincones, en el que se minimicen las exposiciones magistrales también contribuirá a la facilitación del desarrollo de la autonomía. En definitiva, se trata de maximizar las posibilidades de autorregulación de los comportamientos.

La economía de fichas como técnica para mejorar la incidencia de comportamientos positivos está respaldada ampliamente por la investigación. Por ejemplo, Kazdin (2012) presenta una revisión de su vigencia concluyendo que es una manera eficaz de lograr una mejora en el comportamiento. Sin embargo, es frecuente que esta técnica no funcione, bien por no aplicar sus principios con fidelidad, o por la falta de consistencia (Maggin, 2011). Por este motivo, se propone la utilización de la gamificación para simplificar la puesta en práctica y mejorar la eficacia de la economía de fichas. Este procedimiento también está respaldado por la investigación educativa, por ejemplo, en los trabajos de Robacker et al. (2016) o Matic (2014). Se emplea una narrativa de interés para el alumnado, y un sistema de puntuación que permita ir avanzando en la historia.

Como ejemplo de puesta en práctica es muy interesante la experiencia "Un mundo mejor", elaborada por Gozálvez Landete (2021). Sería recomendable, para la elaboración de la propuesta concreta, hacerlo de manera coordinada con el profesorado que vaya a impartir docencia con el grupo, ya que la coherencia es uno de los factores determinantes del éxito de los programas para mejorar el comportamiento (Meltzer, 2001). Se recomienda realizar la gestión de los puntos mediante el uso del aula virtual. Aunque es muy frecuente la utilización de programas como ClassDojo, estos no son compatibles con las política de gestión de datos de la Xunta de Galicia.

6.3 Estrategias en el centro

- **Recursos personales** Las medidas propuestas pueden ser llevadas a cabo por el profesorado de cada área con el asesoramiento, cuando así se considere, del personal especialista en atención a la diversidad, según el horario que apruebe la dirección del centro tras la propuesta del horario que la jefatura del departamento de orientación elevará, cada curso, tras colaborar co dicho persoal en el diseño de su docencia (artículo 57 de la orden del 8 de septiembre de 2021). Algunas de las medidas pueden requerir el apoyo de personal con disponibilidad horaria.

- **Descansos activos** Según lo explicado más arriba.

- **Coordinación** La coordinación docente es de una importancia especial para el éxito de los ajustes mencionados más arriba.

6.4 Estrategias en casa

- La familia tiene un papel esencial en el apoyo, en casa, de las medidas llevadas a cabo. Una manera de participar es estableciendo recompensas que se pueden ir logrando con pequeñas metas que se van proponiendo al alumno.

- Es importante que se continúe potenciando la participación del niño en actividades en las que se vea existoso, ya sea individualmente o en grupo. El éxito escolar no es una fortaleza del alumno, y la familia puede contribuir a destacar otros aspectos en los que sí es una persona muy valiosa. Esto, eventualmente mejorará también su rendimiento escolar.

- Asignar responsabilidades domésticas es otra manera de colaborar a la creación de un autoconcepto positivo.

7. PROCEDIMIENTO PARA EL SEGUIMIENTO Y/O REVISIÓN DEL INFORME

Se recomienda un seguimiento del éxito de estas estrategias mediante reuniones periódicas lo más frecuentemente posible con el profesorado y observaciones tanto en el aula como en el patio. Se cuidará que los agentes implicados estén cómodos con las estrategias e satisfechos con los resultados. En el caso de que esto no sea así, se procederá a ajustar los elementos que no estén funcionando. Estos pueden ser los objetivos programados o alguna de las estrategias propuestas.

8. BIBLIOGRAFÍA

Kolb, D. A. (2007). The Kolb learning style inventory. Boston, MA: Hay Resources Direct.

Conners, C. K. (1990). Manual for Conners' Rating Scales. New York: Multi-Health Systems

Ferrándiz García, C. (2005). Evaluación y desarrollo de la competencia cognitiva: un estudio desde el modelo de las inteligencias múltiples (Vol. 166). Ministerio de Educación.

Hovik, K. T., Saunes, B. K., Aarlien, A. K., Egeland, J. (2013). RCT of working memory training in ADHD: long-term near-transfer effects. PLoS One, 8(12).

Harvey, W. J., Reid, G., Bloom, G. A., Staples, K., Grizenko, N., Mbekou, V., ... Joober, R. (2009). Physical activity experiences of boys with and without ADHD. Adapted physical activity quarterly, 26(2), 131-150.

Xunta de Galicia (2014). Protocolo de consenso sobre TDAH na infancia e na adolescencia nos ámbitos educativo e sanitario.
Kazdin, A. (Ed.). (2012). The token economy: A review and evaluation.

Maggin, D. M., Chafouleas, S. M., Goddard, K. M., Johnson, A. H. (2011). A systematic evaluation of token economies as a classroom management tool for students with challenging behavior. Journal of school psychology, 49(5), 529-554.

Metzler, C. W., Biglan, A., Rusby, J. C., Sprague, J. R. (2001). Evaluation of a comprehensive behavior management program to improve school-wide positive behavior support. Education and treatment of

Children, 448-479.

Robacker, C. M., Rivera, C. J., Warren, S. H. (2016). A token economy made easy through ClassDojo. Intervention in School and Clinic, 52(1), 39-43.

Matic, A., Hayes, G. R., Tentori, M., Abdullah, M., Schuck, S. (2014, September). Collective use of a situated display to encourage positive behaviors in children with behavioral challenges. In Proceedings of the 2014 ACM International Joint Conference on Pervasive and Ubiquitous Computing (pp. 885-895).

Gozálvez Landete, E. (2021) Un mundo mejor. Proyecto de gamificación en Ed.Infantil. Experiencias Educativas Inspiradoras (40).

En XXXXXX, a XX de XXXXXX de XXXX
David González Gándara
Xefe do Departamento de Orientación

6/6

Apéndice B

Ejemplos de propuestas para los programas de intervención

DEPARTAMENTO DE ORIENTACIÓN
C.E.I.P. XXXXXXXX XXXXXXXX
XXXXXXXXX XXXXX s/n - XXXXX XXXXXXXXX Tlf.: XXXXXXXXX
e-mail: ceip.xxxxxxxx.xxxxxx@edu.xunta.es web: www.edu.xunta.es/centros/ceipxxxxxxxxx

PROPUESTA DEL DEPARTAMENTO DE ORIENTACIÓN

1. Posibles barreras al aprendizaje

Los requerimientos de autonomía son demasiado altos para dar respuesta a la competencia de todo el alumnado.

2. Objetivos

Aumentar el número de situaciones que se gestionan de manera autónoma.

3. Metodología

Las estrategias para potenciar la autonomía del alumnado, en aquellos casos en los que no se observa un desarrollo de esta competencia satisfactorio, exigen que el equipo docente y las familias actúen de manera coordinada. El modelo MITAA, de Casado et al. (2019) aporta un buen fundamento desde las evidencias científicas para plantear nuestra actuación educativa. Por una parte, se recomienda poner en marcha el uso de planes de trabajo, que sean responsabilidad del alumnado. Su diseño puede variar, pero en ellos se reflejarán las tareas que se espera que realicen. Es recomendable que el alumnado tenga opciones, de manera que se puedan aplicar los principios del diseño universal. Por otra parte, un trabajo organizado en cualquier tipo de rincones, donde se minimicen las exposiciones magistrales también contribuirá a la facilitación del desarrollo de la autonomía. En definitiva, se trata de maximizar las posibilidades de autorregulación de los comportamientos.

4. Evaluación

- Evidencias do aumento das situacións que se resolveron de maneira autónoma.
- Evidencias do incremento da complexidade das situacións que se resolven de maneira autónoma.

5. Bibliografía

Casado Berrocal, Ó. (2018). La autorregulación en el aula de educación primaria: estudio y aplicación de un modelo integral de transición activa hacia la autonomía.

5.0.1 Alumnado en riesgo por las barreras de aprendizaje: XXXX, XXXXX, XXXX

En XXXXXX, a XX de XXXXXX de XXXX
David González Gándara
Xefe do Departamento de Orientación

1/1

Figura B.1: Ejemplo 1

DEPARTAMENTO DE ORIENTACIÓN
C.E.I.P. XXXXXXXX XXXXXXXX
XXXXXXXXX XXXXX s/n - XXXXX XXXXXXXXX Tlf.: XXXXXXXXX
e-mail: ceip.xxxxxxxx.xxxxxx@edu.xunta.es web: www.edu.xunta.es/centros/ceipxxxxxxxxx

PROPUESTA DEL DEPARTAMENTO DE ORIENTACIÓN

0.0.1   Posibles barreras al aprendizaje

La organización del aula exige períodos de tranquilidad muy prolongados.

0.0.2   Objetivos

Aumentar el número de clases en las que consigue cumplir las normas.

0.0.3   Metodología

Es bastante frecuente que el alumnado no consiga cumplir las normas del aula, y que no pueda controlar su necesidad de movimiento. Aumentar el ejercicio físico diario ha demostrado ser una estrategia eficaz para conseguir cada vez un mayor control de la conducta. Por ejemplo, el estudio de Booth et al. (2013) demostró que los adolescentes que hacían más ejercicio conseguían mejorar su capacidad de atención. En otro estudio, de Smith et al. (2013), el ejercicio físico también provocó mejoras en el control inhibitorio.

Para aumentar el tiempo diario dedicado al ejercicio físico es necesario, por una parte, asegurarse que realiza ejercicio tanto en los recreos como en la clase de educación física. Pero este tiempo no siempre resulta suficiente. Se podría contar con la colaboración de profesorado con horario disponible para que organice, en algunos cambios de clase, unas actividades de ejercicios anaeróbicos (jumping jacks, zumba, etc.) breves, de cinco minutos es suficiente.

0.0.4   Evaluación

Evidencias de que son máis as clases nas que consigue cumplir as normas. Pode ser suficiente coa diminución das notificacións de problemas de comportamento.

0.0.5   Bibliografía

Booth, J., Tomporowski, P., Boyle, J., Ness, A., Joinson, C., Leary, S., Reilly, J. (2013). Impacto de la actividad lúdica en el desarrollo de la competencia social. Mental Health and Physical Activity, 6 (3).
Smith, A. L., Hoza, B., Linnea, K., McQuade, J. D., Tomb, M., Vaughn, A. J., ... and Hook, H. (2013). Pilot physical activity intervention reduces severity of ADHD symptoms in young children. Journal of attention disorders, 17(1), 70-82.

0.0.6   Alumnado en riesgo por las barreras de aprendizaje: XXXX, XXXXX, XXXX

En XXXXXX, a XX de XXXXXX de XXXX
David González Gándara
Xefe do Departamento de Orientación

1/1

Figura B.2: Ejemplo 2

Referencias

Alcántara Guerrero, M. D., Corso, S. M., Elizondo Carmona, C., García Pérez, J. B., Márquez Ordóñez, A. A., Rubio Pulido, M. d. l. M., ... Isabel, M. (2021). *Inclusión: acciones en primera persona: Indicadores y modelos para centros inclusivos. manual práctico* (Vol. 337). Grao.

Blazar, D. (2017). *Teacher and Teaching Effects on Students' Academic Performance, Attitudes, and Behaviors* (Tesis Doctoral, Harvard Graduate School of Education, Cambridge, MA). Harvard Graduate School of Education.

Booth, T., y Ainscow, M. (2002). *Index for inclusion: Developing learning and participation in schools.* Bristol: Centre for Studies on Inclusive Education.

Booth, T., Ainscow, M., Black-Hawkins, K., Vaughan, M., y Shaw, L. (2000). *índice de inclusión. desarrollando el aprendizaje y la participación en las escuelas.*

Calderón-Almendros, I., Moreno-Parra, J. J., y Vila-Merino, E. S. (2022). Education, power, and segregation. the psychoeducational report as an obstacle to inclusive education. *International Journal of Inclusive Education*, 1–14.

Casado Berrocal, Ó., y cols. (2018). La autorregulación en el aula de educación primaria: Estudio y aplicación de un modelo integral de transición activa hacia la autonomía.

Castro, C. M. (2012). Análisis de los servicios de orientación educativa en españa. *Innovación educativa*(22).

Causton-Theoharis, J., y Theoharis, G. (2008). Creating inclusive schools for all students. *School Administrator*, 65(8), 24–25.

Checkley, K. (1997). The first seven… and the eighth a conversation with howard gardner. *Educational leadership*, 55, 8–13.

Dewey, J. (2015). *Experience and Education*. New York: Simon and Schuster.

Dweck, C. S. (2006). *Mindset: The new psychology of success*. Random House.

Echeita, G., y Calderón Almendros, I. (2014). Obstáculos a la inclusión: cuestionando concepciones y prácticas sobre la evaluación psicopedagógica. *Àmbits de Psicopedagogia i Orientació*, 41, 67–98.

Educación inclusiva. quererla es crearla. (s.f.). Descargado 4-08-2022, de https://creemoseducacioninclusiva.com/

Elizondo Carmona, C. (2022). Diseño universal para el aprendizaje y neuroeducación. *Journal of neuroeducation= revista de neuroeducación= revista de neuroeducació*, 3(1), 99–108.

Eno, R. (2015). The analects of confucius: A teaching translation.

Fernández Navas, M., y Fuentes Postigo, A. Y. (2020). La situación de la investigación cualitativa en educación:¿ guerra de paradigmas de nuevo? *Márgenes Revista de Educación de la Universidad de Málaga*, 1(1), 45–68.

Ferrero, M. (s.f.). *La teoría de las inteligencias múltiples a examen.* Descargado 07-08-2022, de https://situsupierass.wordpress.com/2015/08/23/la-teoria-de-las-inteligencias

-multiples-a-examen

Ferrándiz García, C. (2005). *Evaluación y desarrollo de la competencia cognitiva: un estudio desde el modelo de las inteligencias múltiples.* Madrid: Ministerio de Educación.

Gardner, H. (1993). *Frames of Mind* (second ed.). London: Fontana Press.

Gardner, H. (2016). 35 multiple intelligences: Prelude, theory, and aftermath. *Scientists making a difference: One hundred eminent behavioral and brain scientists talk about their most important contributions,* 167.

Gardner, H., Feldman, D. H., y Krechevsky, M. (2000). *El proyecto Spectrum* (Vol. Tomo I: Construir sobre las capacidades infantiles). Madrid: Morata.

Gerver, R. (2014). *Creating tomorrow's schools today: Education-our children-their futures.* Bloomsbury Publishing.

Gómez Corell, M. J. (2018). *Repensar la evaluación psicopedagógica para transformarla.* Descargado 16-08-2022, de https://bit.ly/3zNTSmx (eldiariodelaeducacion.com)

González Gándara, D. (2021a). Creatividad en los centros a través de las aulas virtuales. *Revista de Orientación Educativa AOSMA*(30), 62–73.

González Gándara, D. (2021b). Tic, etwinning y ajedrez: Rompiendo las paredes del aula de primaria. *Innovación e investigación docente en educación: Experiencias prácticas.*

González Gándara, D. (2022a). Actividades de evaluación auténtica para una evaluación psicopedagógica inclusiva. *EDUCA. Revista Internacional para la calidad educativa,* 2(1), 46–62.

González Gándara, D. (2022b). *Taller de doblaje.* Descargado 16-08-2022, de https://reconocimientos.escuelasinclusivas.com/taller-de-doblaje/

González Gándara, D. (2019a). Actividades de evaluación auténtica para una evaluación psicopedagógica inclusiva. En V. Arufe, M. Abilleria González, y E. Nieto Caamaño (Eds.), *Actas del 3º Congreso Mundial de Educación EDUCA 2020*. Descargado de http://www.mundoeduca.org

González Gándara, D. (2019b). *El ajedrez y las Competencias Clave en el sistema educativo gallego*. Santiago de Compostela.

González Gándara, D. (2020). *Respondiendo a Situaciones Excepcionales: los Proyectos Estructurales de Aula*. Descargado 16-08-2022, de https://bit.ly/2y5c4KY (Colectivo Orienta)

Guerrero, E. (2019). *La calificación es obligatoria, ¿verdad?* Descargado 16-08-2022, de http://migranito.blogspot.com/2019/09/la-calificacion-es-obligatoria-verdad.html (Blog migranito.blogspot.com.es)

Hattie, J. (2012). *Visible learning for teachers: Maximizing impact on learning*. Routledge.

Herrera Fernández, M. d. M., Matés Llamas, C., Farzaneh Peña, D., y Barrado Fernández, S. (2021). Caminando hacia la inclusión a través de la investigación acción participativa en una comunidad educativa. *Revista latinoamericana de educación inclusiva, 15*(2), 135–153.

Hodge, E. E. (2005). *A best-evidence synthesis of the relationship of multiple intelligence instructional approaches and student achievement indicators in secondary school classrooms*. Cedarville University.

In-shik, Y. (2022). *Weird lawyer woo young woo*. Netflix.

Johnson, A. (2017). *The Relationship between Teacher Practice and Student Performance* (Tesis Doctoral, Seton Hall University, New Jersey). Seton Hall University.

Jurado, B. (s.f.). *Desde la habitación de lucía.* Descargado 18-08-2022, de https://www.youtube.com/channel/ UCBcBtNFTuDpvSyw_EStJNDg (Canal de Youtube)

Kemmis, S., McTaggart, R., y Nixon, R. (2014). *The action research planner: Doing critical participatory action research.* Springer.

Kolb, D. A. (2015). *Experiential Learning. Experience as the Source of Learning and Development* (Second ed.). Upper Saddle River, NJ: Pearson.

Lakatos, I., Worrall, J., y Currie, G. (1983). *La metodología de los programas de investigación científica* (n.º 001.42 L35). Alianza Editorial Madrid.

Lešinskis, A., y Chatys, R. (2017, 08). Evaluating the dynamics of aircraft crew skill development by using the results of discrete exercise marking. *Transport and Aerospace Engineering, 4.* doi: 10.1515/tae-2017-0007

Márquez Ordoñez, A., y García Pérez, J. B. (2022). Metodologías activas y diseño universal para el aprendizaje. *Journal of neuroeducation= revista de neuroeducación= revista de neuroeducació, 3*(1), 109–118.

Morales Lobo, M. (s.f.). *Cómo adaptar la vida escolar y académica a la cuarentena: Protocolo "¿cómo estás?".* Descargado 10-08-2022, de https://practicareflexiva.pro/ como-adaptar-la-vida-escolar-y-academica-a -la-cuarentena-protocolo-como-estas/

Morales Lobo, M., y Fernández Fernández, J. G. (2022). *La evaluación formativa. Estrategias eficaces para regular el aprendizaje.* Ediciones SM.

Mosquera Gende, I. (s.f.). *#CharlasEducativas.* Descargado 16-08-2022, de https://wakelet.com/wake/b8c47845 -3f0e-4f74-abf2-8d578bac4231

Murcia Asensio, A. (2021). Diseño de programas de orientación educativa: hacia una gestión ética del riesgo en la escuela. *Aula de innovación educativa*(311), 16–21.

Newby, T. J. (2006). *Educational technology for teaching and learning*. Prentice Hall.

Renzulli, J. S. (1994). *Schools for Talent Development: A Practical Plan for Total School Improvement*. Creative Learning Press.

Reyes López, R. (2018). *Los colores dependen de la luz que uno ve*. Descargado 16-08-2022, de `https://bit.ly/3zrZAs0` (Blog Colectivo Orienta)

Robinson, K., y Aronica, L. (2009). *The element: How finding your passion changes everything*. Penguin.

Rogers, C. R. (1983). Freedom to learn for the 80's.

Sanabria-Márquez, R. (2015). *Libertad de cátedra y educación primaria: aproximación teórica y aplicabilidad* (B.S. thesis).

Sandoval Mena, M., Simón Rueda, C., y Echeita Sarrionandia, G. (2019). *Educación inclusiva y atención a la diversidad desde la orientación educativa*. Sintesis.

Thuneberg, H., Vainikainen, M.-P., Ahtiainen, R., Lintuvuori, M., Salo, K., y Hautamäki, J. (2013). Education is special for all: The finnish support model. *Gemeinsam leben*, 21(2), 67–78.

Thurstone, M. E. (1919). The learning curve equation. *Psicological Review Publications*, 26(3).

Tolkien, J. R. R. (1991). *El señor de los anillos* (Primera edición de bolsillo ed.). Barcelona: Minotauro.

Tomlinson, C. A. (1999). *The Differentiated Classroom. Responding to the Needs of All Learners*. Association for Supervision and Curriculum Development.

Tomlinson, C. A. (2014). *El aula diversificada: Dar respuestas a las necesidades de todos los estudiantes*. Octaedro.

Von Trier, L. (2006). *El jefe de todo esto*. Zentropa Productions.

Vygotsky, L. (1978). *Mind in Society: The Development of Higher Psychological Processes*. Cambridge: Harvard University Press.

Wiliam, D. (2011). What is Assessment for Learning? *Studies in Educational Evaluation*, 37, 3–14.

Wiliam, D. (2020). *Teacher quality: What it is, why it matters, and how to get more of it*. Descargado 17-02-2022, de `https://www.youtube.com/watch?v=bE8Tp37pU54` (Video from researchED 2020, Durrington)

Zanotti, G. (2014). La carga de teoría de la base empírica:¿ el fin de la filosofía de la ciencia? *Studium. Filosofía y Teología*, 17(34), 469–478.

Zizek, S. (1992). Goza tu síntoma!; Jacques Lacan dentro y fuera de Hollywood. En *Goza tu síntoma!; Jacques Lacan dentro y fuera de Hollywood* (pp. 240–p).

Índice alfabético

Adaptación curricular significativa(ACS, ACI), 51, 52, 106

Alumnado en riesgo de experimentar barreras al aprendizaje y la paticipación, 97

Apoyos dentro que se hacen fuera, 66

Apoyos fuera que se hacen dentro, 66

Audición y lenguaje (AL), 30, 65–67, 78, 90–92, 100, 123, 124

Barreras al aprendizaje y la participación, 16, 17, 26, 28, 30, 33, 35, 41, 43, 93, 94, 97, 99, 100, 102, 123, 135, 136

Buenas actuaciones docentes, 84, 117

Diseño universal para el aprendizaje (DUA), 26, 53, 92, 98, 114, 119

Enseñanza multinivel, 53

Evaluación formativa, 60, 94, 99

Evaluación psicopedagógica, 16, 20, 31, 32, 112, 124

Evidenciología, 84, 110

Inclusión, 2–4, 10, 12–14, 28, 35, 74, 81, 83, 92, 93, 117, 122, 124

Informe psicopedagógico, 28, 34, 36, 37, 97, 99, 139

Inteligencias múltiples (IM), 23, 24, 67, 110, 115

Metadiversidad, 85

Necesidad específica de apoyo educativo (NEAE),
33, 35, 41, 90, 100
Necesidades educativas
especiales(NEE), 35,
36

Pedagogía terapéutica (PT),
30, 42, 65, 66, 78, 90,
100, 101, 106, 123
Personal especialista en atención a la diversidad,
4, 30, 67, 91, 97
PIE+1, 16, 94
Proyectos estructurales, 63

Respuesta a la intervención
(RTI), 92–94

Scaffolding (andamiaje), 85
Andamiaje, 50, 67